Korea Bebras Challenge 2019

함께 즐기는 컴퓨팅 사고와 정보과학

비버챌린지

- 2019년도 기출문제집 -

중·고등학생용

주최 한국정보과학교육연합회(Korea Information Science Education Federation)

주관 한국비버챌린지(Bebras Korea)

후원 한국정보과학회, 한국컴퓨터교육학회, 한국정보교육학회, (주)넥슨, 아주대SW중심대학사업단, (주)생능출판사

집필진

김도용(인천석정초등학교)

김동윤(아주대학교)

김슬기(선부초등학교)

문광식(세종과학예술영재학교)

박희진(한양대학교)

예홍진(아주대학교)

전현석(경기과학고등학교)

정상수(세종고등학교)

정웅열(백신중학교)

최웅선(수원하이텍고등학교)

비버챌린지 2019년도 기출문제집(중·고등학생용)

초판인쇄 2019년 11월 27일
초판발행 2019년 12월 4일

지은이 한국비버챌린지(Bebras Korea)
펴낸이 김승기
펴낸곳 (주)생능출판사 / **주소** 경기도 파주시 광인사길 143
출판사 등록일 2005년 1월 21일 / **신고번호** 제406-2005-000002호
대표전화 (031)955-0761 / **팩스** (031)955-0768
홈페이지 www.booksr.co.kr

책임편집 유제훈 / **편집** 신성민, 김민보, 권소정 / **디자인** 유준범(표지디자인), 디자인86(본문디자인)
마케팅 최복락, 김민수, 심수경, 차종필, 백수정, 최태웅, 명하나, 김범용
인쇄/제본 영신사

ISBN 978-89-7050-994-5
정가 10,000원

비버챌린지(Bebras Challenge)란?

비버챌린지는 세계 최고의 정보과학 & 컴퓨팅 사고력 축제입니다.

- 비버챌린지는 정보과학과 컴퓨팅 사고력을 위한 평가 모델이자 교육 혁신입니다.
- 비버챌린지의 문제는 전 세계 70여개 국가가 공동 개발하며. 특별한 사전 지식이 없어도 누구나 도전할 수 있습니다.
- 비버챌린지는 컴퓨터 기반 테스트(CBT)로 국제적인 도전에 참여할 수 있는 환경을 제공합니다.

비버챌린지 참가 대상과 문제의 특징

그룹 I	초등학교 1~2학년	8문항	30분
그룹 II	초등학교 3~4학년	10문항	35분
그룹 III	초등학교 5~6학년		
그룹 IV	중학교 1학년	12문항	40분
그룹 V	중학교 2~3학년		
그룹 VI	고등학교 1~3학년	15문항	45분

ALP
알고리즘과
프로그래밍

DSR
자료. 자료구조와
표현

CPH
컴퓨터 처리와
하드웨어

COM
통신과
네트워킹

ISS
상호작용.
시스템과 사회

- 모든 문제는 컴퓨팅 사고를 통해 해결 가능한 흥미롭고 재미있는 상황을 담고 있습니다.
- 모든 문제는 한 페이지를 넘지 않고. 3분 이내에 해결할 수 있습니다.

비버챌린지는 순위를 매기지 않습니다.

비버챌린지는 컴퓨팅 사고를 즐기며 도전하는데 의의를 둡니다.

따라서 개인 석차나 백분율은 제공하지 않습니다. 또한 참가 학생들의 개인 정보를 제외한 응시 결과는 정보(SW)교육 발전을 위한 연구에 활용합니다.

한국비버챌린지(Bebras Korea)란?

한국비버챌린지는 세계 최고의 정보과학 & 컴퓨팅 사고력 축제입니다.

- 한국비버챌린지는 우리나라 정보(소프트웨어)교육을 위해 봉사하는 현직 교사·교수들로 조직된 비영리 단체입니다.
- 한국비버챌린지는 비버챌린지 문제 개발 및 챌린지 운영, 정보(SW) 교육 연구, 교재 집필, 교사 연수 및 학생 캠프 강의 등의 역할을 수행하고 있습니다.
- 한국비버챌린지(http://bebras.kr)는 국제비버챌린지(http://bebras.org)의 공식 회원국이 된 대한민국을 대표하여 다양한 국제 협력 활동에 적극 참여하고 있습니다.

조직도

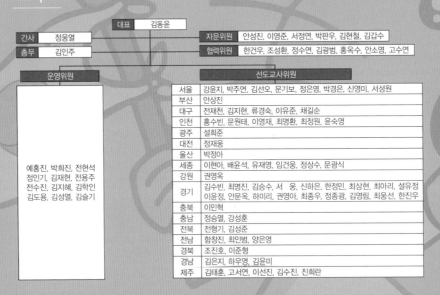

대표	김동윤

간사	정웅열
총무	김인주

자문위원	안성진, 이영준, 서정연, 박판우, 김현철, 김갑수
협력위원	한건우, 조성환, 정수연, 김광범, 홍옥수, 안소영, 고수연

운영위원

예홍진, 박희진, 전현석
정인기, 김재현, 전용주
전수진, 김지혜, 김학인
김도용, 김성열, 김슬기

선도교사위원

서울	강윤지, 박주연, 김선오, 문기보, 정은영, 박경은, 신영미, 서성원
부산	안상진
대구	전재천, 김지현, 류경숙, 이유준, 채길순
인천	홍수빈, 문원태, 이영재, 최명환, 최정원, 윤숙영
광주	설희준
대전	정재웅
울산	박정아
세종	이현아, 배윤석, 유재영, 임건웅, 정상수, 문광식
강원	권영옥
경기	김수빈, 최명진, 김승수, 서 웅, 신하은, 한정민, 최상현, 최아리, 설유정, 이윤정, 안문옥, 하미리, 권영아, 최종우, 정herefore종광, 김영림, 최웅선, 한진우
충북	이민혁
충남	정승열, 강성훈
전북	전형기, 김성준
전남	함창진, 최인범, 양은영
경북	조진호, 이준형
경남	김은지, 하우영, 김윤미
제주	김태훈, 고서연, 이선진, 김수진, 진희란

비버챌린지 참가국

- 비버챌린지에 공식적으로 참여하는 국가는 모두 63개국이며, 참여를 준비하는 후보 국가가 6개국입니다.
- 우리나라는 2017년 한국비버챌린지(Bebras Korea)를 통해 공식 회원국으로 처음 참여하였으며, 참가학생 수는 2017년 8,771명, 2018년 32,995명, 2019년 44,332명으로 매년 크게 늘어나고 있습니다.

비버챌린지 로고

- 비버챌린지에 참여하는 국가는 각 나라마다 고유의 비버 로고를 가지고 있습니다.
- 우리나라의 비버 로고는 김지혜 선생님(충북고, 정보 교사)께서 재능기부를 통해 디자인 하였습니다.

비버챌린지 2020에 도전하세요!

[1단계] 신청하기
2020.09.01(화) ~ 10. 16(금)

- 비버챌린지에 도전하기 위해서는 회원가입과 신청과정이 필요합니다.
- 현직 초 · 중 · 고 교사만 신청 가능합니다.

> 홈페이지(https://www.bebras.kr) 회원가입
> 참가신청 ▶ 결제하기 ▶ 응시코드 다운로드

[2단계] 체험하기
2020.10.19(월) ~ 1년간

- 기출문제를 체험하면서 비버챌린지 문항 및 응시 방식에 적응할 수 있습니다.
- 예시문항은 누구나 상시 체험 가능하며, 참가 학생들은 모든 기출문제를 1년간 체험할 수 있습니다.

> 홈페이지(https://www.bebras.kr) 접속 ▶ 참여하기 ▶ 체험하기

[3단계] 도전하기
2020.10.26(월) ~ 11.20(금)

- 전 세계 학생들과 함께 2020년 새로 개발된 비버챌린지 문제 해결에 도전해 보세요.
- 성적에 관계없이 모든 학생들에게 이수증을 발급합니다.

> 홈페이지(https://www.bebras.kr) 접속 ▶ 도전하기
> ▶ 결과보기와 이수증 발급

《제16회 국제비버챌린지워크숍, 2020.05.18~05.21》이 대전컨벤션센터에서 개최됩니다. 본 워크숍에는 비버챌린지 창시자인 발렌티나 교수(리투아니아) 등 전 세계 70여 국가에서 비버챌린지를 운영하는 정보 교육자들이 참석하여, 비버챌린지 문항을 개발하고, 컴퓨팅 사고력 함양을 위한 정보(SW) 교육 발전 방안을 논의할 예정입니다. 국제비버챌린지워크숍은 매년 1회 개최되며, 지금까지 15회 동안 유럽 국가(리투아니아, 독일, 폴란드, 오스트리아, 이탈리아, 키프로스, 헝가리 등)에서만 개최되었습니다. 사상 최초로 우리나라, 아시아, 비유럽국가에서 개최되는 국제비버챌린지워크숍에 많은 관심과 성원 바랍니다.

/차/례/

비버챌린지 2019
그룹 IV(중학교 1학년용)

* 이 문제는 그룹 V에서도 출제되었습니다. p.27을 참고하세요.

01 언어 감지

▶▶▶▶▶ 2019-CA-03 Language Detection

 문제의 배경

동굴을 탐험하던 탐험가들이 다음과 같은 단어들을 동굴 벽에서 우연히 발견했다.

paqrooob puue t'seqrub meoub lai'laiqy

탐험가들은 각각의 단어들이 어떤 언어인지 알아내기 위해 다음과 같은 분석 시스템을 사용한다.

- 각 단어의 기본 점수는 10으로 시작한다.
- 그다음에 다음 규칙에 따라 점수를 조정한다.

규칙	점수
'p' 문자로 시작하면	−2
'b' 문자로 끝나면	−2
문자가 7개 이상이면	+3
'q' 문자 바로 다음에 'r' 문자나 'y' 문자가 나오면	−4
모음('a', 'e', 'i', 'o', 'u') 문자가 3개 연속되면	+5
생략부호(')가 포함되어 있으면	+1

- 분석 시스템은 어떤 단어의 점수가 10 이상이면, 그 단어를 비버리쉬(Beaverish)로 분류하고,
- 그렇지 않은 경우, 비버리안(Beaverian)으로 분류한다.

예를 들어, 'palliob'이라는 단어의 점수는 10-2-2+3=9 가 되기 때문에 비버리안으로 분류된다.

 문제/도전

동굴 벽에 그려져 있는 단어들 중 비버리안으로 분류되는 단어는 모두 몇 개일까?

A) 1개   B) 2개   C) 3개   D) 4개

▶▶▶▶▶ 2019-CH-04e Colorful Flags

 문제의 배경

BEBRAS 조선소에서는 가장 좋은 보트들을 만든다. 비버들은 누구나 BEBRAS 조선소에서 만든 보트를 가지고 싶어한다. 하지만, 문제가 한 가지 있다. 보트들이 거의 비슷하게 생겼기 때문에 보트들을 구분할 방법이 필요하다!

그래서 비버들은 다음과 같은 모양의 깃발을 달기로 했다.

비버들은 깃발의 모양을 위, 아래, 원으로 나눈 후, 3개의 부분에 빨강색, 연두색, 파랑색을 칠하기로 했다. 단, 윗부분과 아랫부분의 색은 같아도 되지만, 원의 색은 윗부분이나 아랫부분 그 어느 부분과도 달라야 한다.

만들 수 있는 모든 깃발들을 살펴보기 위해서 어떤 규칙에 따라 다이어그램을 만들기 시작했다. 하지만, 폭풍이 몰려오는 바람에 깃발의 색을 모두 칠하지는 못하고 ⬚로 남겨두었다.

 문제/도전

비버들이 색을 모두 칠하지 못한 깃발 다이어그램을 완성시켜보자.

(⬚ 부분에 들어갈 깃발들을 아래에서 골라 끌어다 넣으면 된다.)

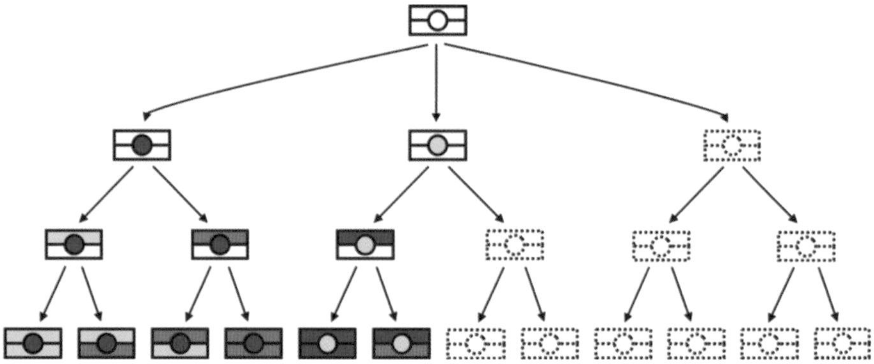

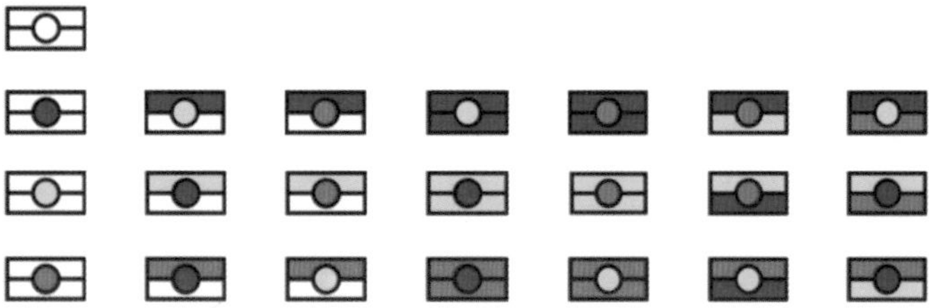

문제의 배경

산꼭대기에 있는 기상캐스터 비버는 계곡 아래에 있는 비버들에게 메시지를 보낸다.

비버는 다음과 같은 의미를 전달하기 위해서 연기를 이용하여 크고 작은 구름들을 만든다.

천둥번개	비	흐림	맑음

어느 날, 계곡 아래에 있는 비버들은 아래와 같이 큰 구름 하나가 작은 구름이 되었거나, 그 반대로 잘못 만들어진 구름 메시지를 받았다.

 문제/도전

기상캐스터 비버가 보내려고 했던 원래 메시지는 어떤 것이었을까?

A) 천둥번개   B) 비   C) 흐림   D) 맑음

04 햄버거 재료

▶ ▶ ▶ ▶ ▶ 2019-KR-07 Burger Fillings

 문제의 배경

비버킹웨이 햄버거 가게에서는 6가지(A, B, C, D, E, F)의 햄버거 재료를 사용해 햄버거를 만든다.

다음 표에는 햄버거와 그 안에 들어가는 재료가 표시되어있다.

햄버거				
재료	C, F	A, B, E	B, E, F	B, C, D

  문제/도전

다음 중 A, E, F 재료로 만든 햄버거는?

A) 　　　B) 　　　C) 　　　D)

▶▶▶▶▶ 2019-CN-03a Colorful Chinese character

 문제의 배경

한자가 어린 비버의 마음을 사로잡았다. 어린 비버는 한자의 모양에 대해서 연구하고 있다.

어린 비버는 아래와 같이 여러 가지 색과 기호를 배치한 모양 판을 만들었다.

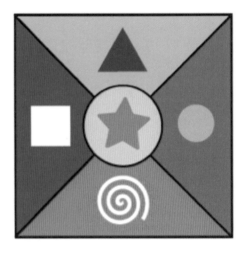

모양 판을 이용하면, 여러 가지 한자를 다음과 같이 표현할 수 있다.

"川"　　　　　　"儿"　　　　　　"吕"

왼쪽 – 가운데 – 오른쪽　　왼쪽 – 오른쪽　　　위 – 아래
　　구조　　　　　　　　구조　　　　　　　구조

문제/도전

다음 중 3개의 한자 "三", "二", "八"을, 위의 판을 이용해 정확하게 표현한 것은?

A)

B)
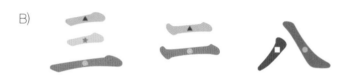

C)

D)

06 습지 개미

▶▶▶▶▶ 2019-LT-06 Ants in Swamp

 문제의 배경

어느 습지에 있는 바위들이 막대기로 연결되어 있다.

A위치에 있는 10마리의 개미들은 먹이가 있는 F위치로 이동하려고 한다.

막대기 1개에는 한 번에 1마리의 개미만 이동할 수 있고, 개미가 그 막대기를 사용해 다른 바위로 옮겨가는 데에는 1분이 걸린다.

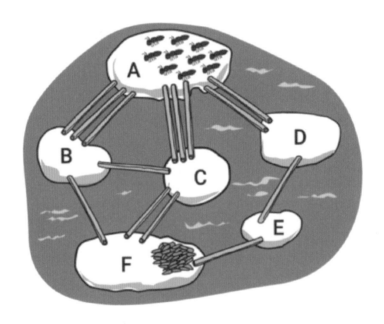

 문제/도전

3분 동안 F위치로 이동시킬 수 있는 개미들은 최대 몇 마리일까?

(0~10 범위의 정수를 입력한다.)

(　　)마리

 문제의 배경

톰(Tom)은 이웃집 사람들을 방문하려고 한다.

도로를 통해 이웃집들로 가기 위해서는 그 도로에 표시된 통행료를 내야 한다.

한 번 사용했던 도로를 다시 사용할 때에는 통행료를 다시 낼 필요는 없고, 어떤 도로들은 바위로 막혀있기 때문에 사용할 수 없다.

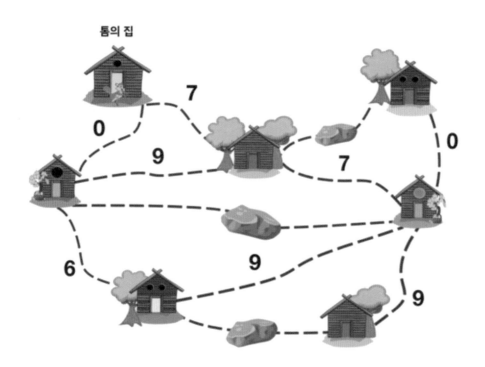

톰의 집

 문제/도전

이웃집들을 모두 방문하기 위해서 필요한 최소 통행료는 얼마일까?

(   )

▶ ▶ ▶ ▶ ▶ 2019-SK-04 Drawing triplets

 문제의 배경

어떤 로봇이 정사각형 격자 공간을 돌아다니며 선 그림을 그린다.

그 그림은 로봇의 이동을 나타내는 3개의 수로 간단히 표현할 수 있다.

예를 들어, **3,1,5** 는 아래와 같이 3, 1, 5의 과정을 순서대로 무한히 반복해서 그려지는 그림을 의미한다.

3,1,5 :

- 3 : 앞으로 3칸 이동한 후, 오른쪽으로 회전한다.
- 1 : 앞으로 1칸 이동한 후, 오른쪽으로 회전한다.
- 5 : 앞으로 5칸 이동한 후, 오른쪽으로 회전한다.
- 3, 1, 5 과정을 무한히 반복

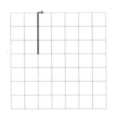 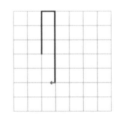 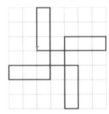

3   **1**   **5**   **3,1,5**

 **문제/도전**

숫자 블록을 로봇이 그리는 그림 아래에 끌어다 놓으세요.

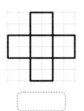

```
(        )        (        )        (        )        (        )
```

`1,4,1`   `2,2,3`   `4,2,4`   `3,3,3`

▶▶▶▶▶ 2019-RU-01 Plates

 문제의 배경

어떤 꼼꼼한 비버는 접시들을 닦은 후, 아래 그림과 같이 식기 건조기에 접시들을 정리해 넣는다.

가장 큰 접시들을 가장 왼쪽에 넣고, 그 다음에는 중간 크기의 접시들을 넣고, 그 이후에는 가장 작은 접시들을 넣는다.

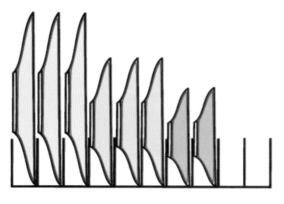

식기 건조기에 정렬되어 있는 접시들   새로 집어넣을 접시

이제, 오른쪽에 있는 가장 큰 접시를 하나 더 식기 건조기에 넣으려고 한다.

 문제/도전

새로 넣는 가장 큰 접시를 포함해서 접시들을 다시 정렬할 때 원래 있던 자리에서 빼서 다른 자리로 최소 몇 개의 접시를 이동시켜야 할까?

A) 3개   B) 4개   C) 5개   D) 6개

10 버스 시간표

▶▶▶▶▶ 2019-TH-07 Bus Schedule

 문제의 배경

다음은 2개의 버스 노선이 각 정류장을 지나는 시간표이다.

정류장 이름	11번 버스 시간표 (A→B→C→D→E)		
	1호차	2호차	3호차
A	10:00	11:00	12:00
B	10:20	11:20	12:20
C	10:40	11:40	12:40
D	11:00	12:00	13:00
E	11:20	12:20	13:20

정류장 이름	1000번 버스 시간표 (A→F→C)	
	1호차	2호차
A	10:10	11:10
F	10:20	11:20
C	10:30	11:30

원한다면 정류장에서 버스를 갈아탈 수 있다.

 문제/도전

제임스(James)는 A에 있다. 현재 시간이 11:05일 때, D에 가장 빠르게 도착하는 시간은?

(??:?? 형식으로 입력한다.)

(   ) : (   )

11 섬에 다리 놓기

베트남(Vietnam)

▶▶▶▶▶ **2019-VN-05 Bridges and Islands**

 문제의 배경

아래 그림에서 각각의 섬들은 원으로 그려져 있다. 비버들이 섬들을 여행하기 위해서는 섬들 사이에 다리들을 놓아야 한다.

원 안에 쓰여 있는 숫자들은 그 섬에 연결되어야 하는 다리의 개수를 의미한다. 섬에는 위−아래, 왼쪽−오른쪽 방향으로만 다리를 놓을 수 있다. 그리고 섬들을 다리로 모두 연결하고 나면 어떤 섬으로든 이동할 수 있다.

예를 들어, 섬들이 아래 그림의 왼쪽과 같은 배치라면 오른쪽 그림과 같이 연결시켜야 한다.

 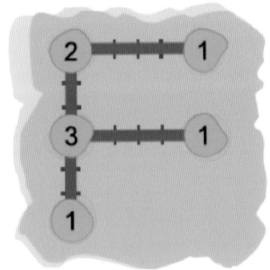

문제/도전

섬의 배치가 아래 그림과 같을 때, 모든 섬을 연결하기 위해서 최대 몇 개의 다리가 필요할까?

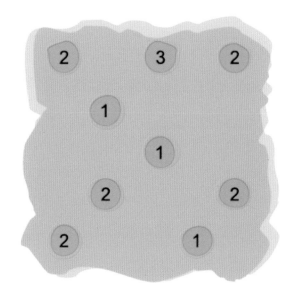

A) 7개   B) 8개   C) 9개   D) 10개

ME
MO

비버챌린지 2019
그룹 V (중학교 2~3학년용)

* 이 문제는 그룹 IV에서도 출제되었습니다. p.13을 참고하세요.

01 친환경 항공 경로

▶▶▶▶▶ 2019-BE-07 Greener Flight Routes

벨기에(Belgium)

 문제의 배경

비브라스 국제 항공에는 다음과 같이 세계 여러 나라의 대도시들을 연결하는 항공편들이 있다.

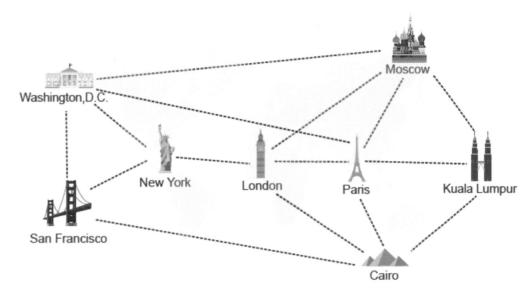

이산화탄소(CO_2) 배출은 지구 온난화의 주요 원인 중 하나이다.

비브라스 국제 항공에서는 이산화탄소 배출을 줄이기 위해, 항로를 최소화하면서도 고객들이 기존의 도시들로 이동할 수 있도록 일부 항공편 노선들을 폐쇄하려고 한다.

예를 들어, 샌프란시스코(San Francisco)와 워싱턴 D. C.(Washington, D. C.) 사이의 항공 노선을 폐쇄하더라도 고객들은 샌프란시스코에서 뉴욕(New York)을 거쳐 워싱턴 D. C.로 이동할 수 있다.

 문제/도전

항공 노선이 위 그림과 같을 때, 최대로 몇 개의 항로를 폐쇄할 수 있을까? 항로를 폐쇄하더라도 기존의 도시들로 고객들을 이동시킬 수 있어야 한다.

A) 6개 B) 7개 C) 8개 D) 9개

문제의 배경

통나무집을 만들기 위해 정확한 길이의 통나무들이 필요하다.

목재 공장으로 들어오는 다양한 길이의 통나무들은 60cm 이상, 160cm 이하 길이로 잘려서 화물트럭에 실리게 된다.

통나무 원목들이 공장의 왼쪽으로 들어오고, 공장의 내부 구조는 다음과 같다.

- 스위치S : 두 곳에서 통나무가 들어오면 한 곳으로 합치면서 이동시킨다.
- 스위치A : 길이가 60cm 이상인 통나무는 다음으로 이동시키고, 60cm 미만은 버린다.
- 스위치B : 길이가 160cm를 넘는 통나무는 다음으로 이동시키고, 나머지는 트럭에 싣는다.
- 스위치C : 처음부터 160cm까지 톱으로 잘라 트럭에 싣고, 나머지는 다음으로 이동시킨다.
- 감시카메라A, 감시카메라B : 트럭으로 실리는 통나무들의 개수를 카운트한다.

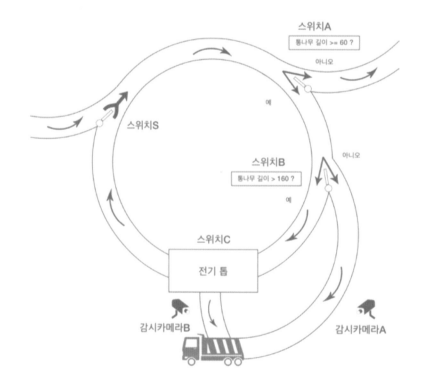

문제/도전

서로 다른 길이의 통나무 3개(60cm, 140cm, 360cm)가 목재 공장으로 들어왔다. 모든 목재들이 처리되었을 때, 감시카메라에 기록된 목재의 개수는?

A) 감시카메라A: 1개, 감시카메라B: 3개

B) 감시카메라A: 3개, 감시카메라B: 1개

C) 감시카메라A: 2개, 감시카메라B: 2개

D) 감시카메라A: 0개, 감시카메라B: 4개

▶▶▶▶▶ 2019-CA-01 Special Towers

 문제의 배경

다음 그림의 타워들을 살펴보자.

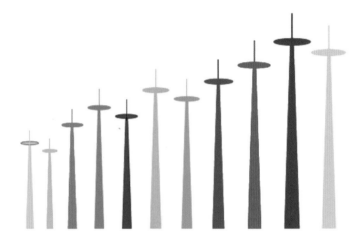

어떤 타워의 왼쪽에 있는 모든 타워들이 자신보다 낮고 오른쪽에 있는 모든 타워들이 자신보다 높으면, 그 타워를 스페셜 타워라고 하자.

 문제/도전

위 그림에서 스페셜 타워는 몇 개일까? (타워의 개수를 정수로 입력한다.)

( )개

04 3가지 고민

캐나다(Canada)

▶▶▶▶▶ 2019-CA-06 Triple Trouble

 문제의 배경

엄마 비버가 서로 다른 4개의 장난감을 서로 다른 4개의 상자(W, X, Y, Z)에 넣으려고 한다.

각각의 상자에는 장난감을 최대 1개까지만 넣을 수 있다.

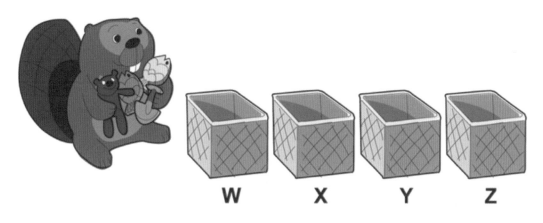

엄마 비버는 다음 조건들을 모두 만족하도록 상자에 장난감들을 나누어 담으려고 한다.

- 조건1. 다음 중 최소 1개 이상 만족: X에 1개, Y에 0개, Z에 0개
- 조건2. 다음 중 최소 1개 이상 만족: W에 1개, X에 1개, Z에 0개
- 조건3. 다음 중 최소 1개 이상 만족: X에 0개, Y에 0개, Z에 1개
- 조건4. 다음 중 최소 1개 이상 만족: W에 0개, X에 0개, Y에 0개
- 조건5. 다음 중 최소 1개 이상 만족: X에 0개, Y에 1개, Z에 0개

 문제/도전

모든 조건들을 만족시키면서 상자에 넣을 수 있는 장난감은 최대 몇 개일까?

A) 1개   B) 2개   C) 3개   D) 4개

문제의 배경

비버 클레버리아(Cleveria)가 댐의 바닥 깊은 곳에서 오래된 나무판을 발견했는데, 그 나무판을 조사한 결과 신비한 기호들이 새겨져 있었다. 클레버리아는 나무판에 적혀있는 기호들이 고대 비버들이 댐에 살았을 때 사용되었던 문자표일 것이라 생각했다.

오랜 시간 동안의 연구를 통해 클레버리아는 고대 문자표를 어떻게 사용하는지 알아냈다. 어떤 문자의 가로 행과 세로 열에 있는 두 기호를 결합해 기호들이 만들어지는 것이었다. 예를 들어 H 문자는 다음과 같은 방법으로 기호가 만들어진다.

클레버리아는 댐 근처의 다른 장소에서 보았던 기호들을 기억해 냈다. 그 장소에는 다음과 같은 기호들이 나무판에 적혀 있었다.

문제/도전

고대 비버의 메시지는 어떤 내용일까?

A) LOVEWATER   B) SLEEPDAYS   C) LOVEMYSUN   D) CAREFORME

06 감시

독일(Germany)

▶▶▶▶▶ 2019-DE-03 Watched

 문제의 배경

오른쪽과 같은 시청 근처의 모습을 10초마다 한 번씩 사진을 찍는다.

새로운 사진이 찍히면, 컴퓨터 프로그램으로 그 전에 찍힌 사진과 비교해서 차이(difference) 이미지를 만든다.

차이 이미지에는 그 전에 찍힌 사진과 다른 부분은 작은 빨간 사각형으로 나타나고, 바뀌지 않은 부분은 흰색으로 나타난다.

예를 들어, 10초 간격을 두고 두 장의 사진이 찍혔을 때, 오른쪽과 같은 차이 이미지가 만들어진다.

 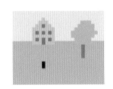 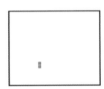

 문제/도전

6장의 차이 이미지, 각 이미지가 만들어진 시간과 그 사이에 일어났던 5가지 사건들이 다음과 같다.

5가지 사건을 차이 이미지들 사이에 적절하게 배치시켜보자.

00 ( ) 10 ( ) 20 ( ) 30 ( ) 40 ( ) 50

(A) : 톰(Tom)과 티나(Tina)가 만났다.

(B) : 누군가 시청 문을 열었다.

(C) : 톰과 티나가 팔짱을 끼고 걸어간다.

(D) : 바람이 불기 시작했다.

(E) : 누군가 시청 문을 닫았다.

07 슈퍼스타

▶▶▶▶▶ 2019-DE-08 Superstar

 문제의 배경

티니그램(TeeniGram)이라는 소셜 네트워크 서비스에 가입한 사람들은 다른 사람들을 팔로우(follow)할 수 있다.

티니그램 서비스에서 그룹(group)은 가입자들의 모임이고, 그 그룹 안에 있는 사람은 셀러브리티(celebrity)가 될 수 있다.

다음과 같은 경우에 그 사람은 셀러브리티가 된다.

• 그 그룹 안에 있는 모든 가입자에 의해 팔로우된 사람으로서
• 그 그룹 안에 있는 어떤 가입자도 팔로우하지 않은 사람

어떤 그룹에 헤일리(Hailey), 셀레나(Selena), 저스틴(Justin) 3명의 사람이 가입되어 있다.

• 헤일리는 저스틴과 셀레나를 팔로우한다.
• 셀레나는 저스틴을 팔로우한다.
• 저스틴은 어느 누구도 팔로우하지 않는다.

저스틴은 이 그룹에서 셀러브리티이다.

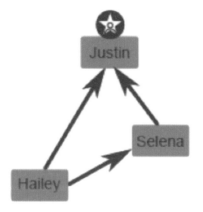

문제/도전

어떤 그룹에 앨런(Alan), 돈(Don), 프랑세스(Frances), 그레이스(Grace), 로빈(Robin)이 가입되어 있다.

- 앨런은 돈과 그레이스를 팔로우한다.
- 돈은 그레이스와 로빈을 팔로우한다.
- 프랑세스는 앨런, 그레이스, 로빈을 팔로우한다.
- 로빈은 앨런과 그레이스를 팔로우한다.

이 그룹에 셀러브리티가 있을까?

A) 있다. 앨런이 셀러브리티이다.

B) 있다. 프랑세스와 로빈이 셀러브리티이다.

C) 있다. 그레이스가 셀러브리티이다.

D) 없다. 어느 누구도 셀러브리티가 되지 않는다.

08 유리 재활용

▶▶▶▶▶ 2019-RO-03 Glass recycle

 문제의 배경

교장 선생님은 흰 유리와 색유리를 재활용하는 것을 좋아하여, 유리의 색을 바꿔주는 마법의 기계들을 받았다.

두 종류의 기계는 유리 2개를 왼쪽에 넣으면 바뀐 유리 1개가 오른쪽으로 출력되는 기계이고,

한 종류의 기계는 유리 1개를 왼쪽에 넣으면 바뀐 유리 1개가 오른쪽으로 출력되는 기계이다.

종류	동작
	왼쪽에 흰 유리 2개를 넣으면 오른쪽으로 흰 유리 1개가 나온다. 그 외에는 색유리 1개가 나온다.
	왼쪽에 색유리 2개를 넣으면 오른쪽으로 색유리 1개가 나온다. 그 외에는 흰 유리 1개가 나온다.
	왼쪽에 흰 유리를 넣으면 오른쪽으로 색유리가 나온다. 왼쪽에 색유리를 넣으면 오른쪽으로 흰 유리가 나온다.

이 기계들을 이용해 다음과 같이 유리 재활용 기계를 설계했다.

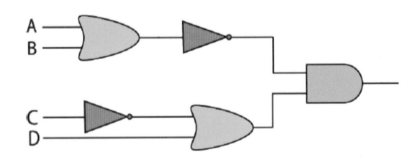

문제/도전

다음 중 재활용 기계의 왼쪽에 유리들을 넣었을 때, 오른쪽으로 흰 유리가 나오는 경우는?

A) A=흰 유리, B=흰 유리, C=색유리, D=흰 유리

B) A=색유리, B=색유리, C=색유리, D=흰 유리

C) A=흰 유리, B=색유리, C=색유리, D=흰 유리

D) A=색유리, B=색유리, C=흰 유리, D=색유리

세르비아(Serbia)

▶▶▶▶▶ 2019-RS-01 Binary bulbs

 문제의 배경

어떤 비버들이 8개의 2진 전구들을 사용해 멀리 떨어진 곳에 메시지를 보낸다.

메시지를 보낼 때는 다음과 같은 표와 의미를 사용한다.

A	01000001
B	01000010
C	01000011
D	01000100
E	01000101
F	01000110
G	01000111
H	01001000
I	01001001
J	01001010
K	10001011
L	01001100
M	01001101
N	01001110
O	01001111
P	01010000
Q	01010001
R	01010010
S	01010011
T	01010100
U	01010101
V	01010110
W	01010111
X	01011000
Y	01011001
Z	01011010

상태	값
	0
	1

문제/도전

다음과 같은 메시지들을 순서대로 받았을 때, 그 의미는?

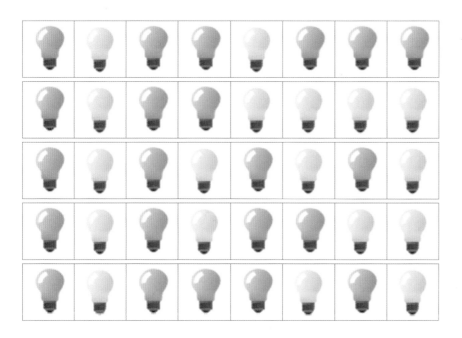

A) HOUSE   B) HAPPY   C) HORSE   D) HONEY

사탕 봉지

▶▶▶▶▶ 2019-HU-02 A bag of candies

 문제의 배경

페티(Peti)는 사탕 한 봉지를 가지고 있다.

그 안에는 연두색 사탕 4개, 노란색 사탕 4개, 빨간색 사탕 4개가 들어있다.

페티는 친구와 함께 다음과 같은 규칙으로 게임을 한다.
친구는 사탕 봉지에서 사탕을 한 개씩 세 번 꺼내는데,
사탕을 꺼낼 때마다 그 사탕을 그릇 하나에 모은다.

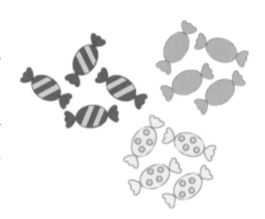

- 연두색 사탕을 꺼내면, 그 사탕을 그릇에 넣고 또 다시 다른 사탕을 한 번 더 꺼낼 수 있다(한 번만 꺼낸 것으로 쳐준다.).

- 노란색 사탕을 꺼내면, 그 사탕을 그릇에 넣지 않고 바로 먹는다.

- 빨간색 사탕을 꺼내면, 그 사탕을 그릇에 바로 넣는다.

 문제/도전

사탕을 세 번 꺼냈을 때, 그릇에 들어가 있을 수 있는 사탕은 최대 몇 개일까?

(정수로 입력한다.)

(   )개

11 비버 네트워크

▶▶▶▶▶ 2019-TH-08 Beaver Network

 문제의 배경

비버들이 들어가서 나가는 통로들로 만들어진 네트워크가 있는데, 그 네트워크에는 6개의 입구와 6개의 출구가 있다.

입구에서는 비버들이 딱 한 마리씩만 들어가고, 비버들은 회색(G) 비버와 갈색(B) 비버 2종류뿐이다.

통로가 교차되면서 만나는 곳에서는 비버 두 마리가 만나게 되어 서로 색을 비교하는데, 갈색 비버는 오른쪽(right) 통로로 회색 비버는 왼쪽(left) 통로로 이동한다. 색이 같은 경우는 가던 통로를 따라 계속 이동한다.

6마리의 비버는 동시에 입구에서 출발한다.

 문제/도전

위 그림에서와 같이, 마지막 출구에 도착한 비버들의 색이 왼쪽부터 순서대로 BGBGBG였다고 할 때, 처음에 왼쪽 첫 번째 입구부터 여섯 번째 입구까지 처음에 들어간 비버들의 색 순서는? (비버들의 색깔(G 또는 B)을 순서대로 공백 없이 입력한다. 예시 GBGBGB)

(   )

ME
MO

비버챌린지 2019
그룹 VI(고등학교 1~3학년용)

* 이 문제는 그룹 V에서도 출제되었습니다. p.34를 참고하세요.

01 카운터

▶▶▶▶▶ 2019-AT-03 Counter

 문제의 배경

축에 고정되어 왼쪽 또는 오른쪽으로 회전하는 회전판이 4개 설치되어 있는 어떤 기계장치가 있다.

- 왼쪽으로 회전된 판은 0을 나타내고
- 오른쪽으로 회전된 판은 1을 나타낸다.

어떤 회전판 위로 공이 떨어지면 회전판을 회전시키고, 그 공은 다시 아래로 떨어진다.

회전판의 이전 상태에 따라, 회전판이 왼쪽 오른쪽으로 회전되는 모양은 다음 그림과 같다.

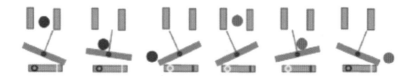

기계장치에 공이 2개 떨어졌을 때 변화하는 회전판들의 상태 변화는 다음과 같다.

첫 번째 공이 떨어지기 전인 첫 번째 그림에서는 4개의 회전판이 모두 왼쪽으로 회전되어 있기 때문에 0000을 의미한다.

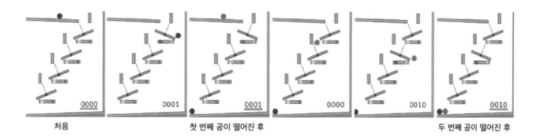

처음　　　　　　첫 번째 공이 떨어진 후　　　　　　두 번째 공이 떨어진 후

 문제/도전

처음 상태에서 공이 5개 떨어지고 나면 어떤 상태가 될까?

(0과 1만 사용해서 4자리 수로 입력한다. 예시: 1110)

(　　　)

02 연산자 재정의

오스트리아(Austria)

▶▶▶▶▶ 2019-AT-04 Operator Overloading

 문제의 배경

프로그래밍 언어에서 사용되는 수학 계산 연산자인 "*"(곱), "+"(합)은 연산자가 사용되는 상황에 따라서 다른 연산의 의미로 사용될 수도 있다. 이렇게 어떤 연산자가 일반적인 연산이 아닌 다른 의미의 연산으로 동작하도록 만들어주는 것을 "연산자 재정의(operator overloading)"라고 한다.

다음과 같은 경우가 대표적인 경우이다(여러 프로그래밍 언어에서 같은 방식으로 동작한다.).

- 2*3은 6이 된다. 왜냐하면, 연산에 사용되는 두 값이 모두 수이기 때문이다.

- "2"*3은 "222"가 된다. 왜냐하면, 첫 번째 값이 문자열(텍스트)이기 때문이다.

- 2*"3"은 "33"이 된다. 왜냐하면, 두 번째 값이 문자열이기 때문이다.

- "2"*"3"은 오류가 출력된다. 왜냐하면, 두 값이 모두 문자열이기 때문이다.

- 2+3은 5가 된다. 왜냐하면, 연산에 사용되는 두 값이 모두 수이기 때문이다.

- "2"+"3"은 "23"이 된다. 왜냐하면, 두 값이 모두 문자열이기 때문이다.

- "2"+3 또는 2+"3"은 오류가 출력된다.

 문제/도전

다음과 같은 문자열을 살펴보자.

…〉〈((((゚).……〉〈((((゚).……〉〈((((゚).……〉〈((((゚)…

위와 같이 물고기 4마리가 움직이는 것과 같은 문자열을 만들어낼 수 있는 표현식은 다음 중 어떤 것일까? 단, 연산자를 처리하는 우선순위가 있기 때문에 "*" 연산자는 "+"연산자보다 먼저 처리된다(다음 선택 중에는 다른 패턴을 만들어내는 것도 있고, 오류가 출력되는 것도 있다.).

A) (3*"." + "⟩⟨" + 3*"(" + "º⟩" + 3*".")*"2"*2

B) (3*"." + "⟩⟨" + 3*"(" + "º⟩")*2*2 + 3*"."

C) (3*"." + "⟩⟨" + "3"*"(" + "º⟩" + 3*".")*2*2

D) (3*"." + "⟩⟨" + 3*"(" + "º⟩" + 3*".")*2*2

 문제의 배경

13개의 공을 삼각형 상자에 넣어 다음 그림과 같이 세우려고 한다.

삼각형 상자에 넣은 공들 사이에는 공간이 있기 때문에, 모서리를 들어 올리면 어떤 공들은 굴러떨어질 수 있는 '불안한 상태'가 된다.

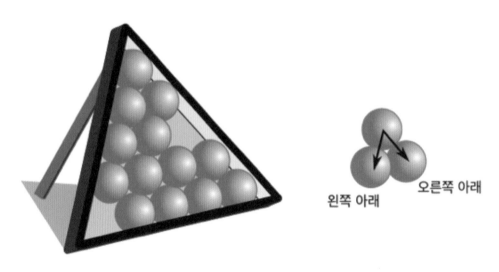

어떤 공이 다음 조건 중 1가지라도 만족하면, 그 공은 '불안한 상태'에 있다고 한다.

• 그 공의 왼쪽 아래나 오른쪽 아래에 빈 공간이 있는 경우

• 그 공의 왼쪽 아래나 오른쪽 아래에 '불안한 상태'에 있는 공이 있는 경우

 문제/도전

위 그림에서 '불안한 상태'가 아닌 공은 몇 개일까?

(0 이상 13 이하의 정수를 입력한다.)

(　　) 개

04 바이버 경로

▶▶▶▶▶ 2019-CA-04 Byber Path

 문제의 배경

바이버(Byber)라는 배달 서비스를 위해 차량을 운전하고 있다. 아래 그림과 같이 S위치에서 시작해서 7개의 지점에 물건을 배달해야 한다.

각 지점들은 선으로 그려진 도로들로 연결되어있고, 각 도로를 지나면 그 도로 위에 쓰여 있는 수만큼 비용을 지불해야 한다.

7개의 지점에 물건을 모두 배달할 때, 가장 많은 비용이 드는 이동 경로를 알고 싶다. 한 지점을 2번 이상 방문하면 안 되고, 아무 지점에서나 끝낼 수 있다.

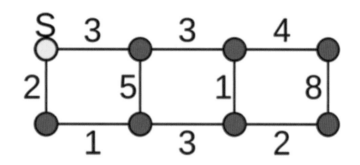

 문제/도전

7개의 물건을 모두 배달할 때, 가장 많은 도로 이용 비용은?

A) 23   B) 24   C) 25   D) 26

▶▶▶▶▶ 2019-CH-12b Classification Yard

🦫 문제의 배경

어떤 기차의 차량들을 철도 노선 위에 어떤 순서대로 분리시켜 내려놓아야 한다. 기차는 차량기지에 주차되어 있는데, 왼쪽부터 1번 차량으로 시작하도록 만들어야 한다.

철도 차량기지에는 기차의 차량들을 분리하여 넣었다가 다시 빼낼 수 있도록 만든 보조 철도가 있기 때문에, 차량들을 원하는 대로 잘라 집어넣었다가 하나씩 꺼내면서 원하는 순서로 맞춰 끼워 넣을 수 있다.

기차의 모든 차량들을 보조 철도를 이용해 모두 나누어 넣었다가, 차량을 하나씩 꺼내면서 다시 한 줄로 연결하는 것을 한 번의 작업이라고 하자(차량들을 모두 잘라 넣은 후에는 순서대로 하나씩 빼면서 조립할 수만 있다. 보조 철도에 넣었던 일부 차량을 빼서 다른 보조 철도로 옮길 수는 없다.).

예를 들어, 다음과 같이 처음에 4-3-2-1 순서로 연결된 상태의 차량을 잘라 넣었다가 다시 꺼내어 조립하는 과정을 두 번만 진행하면, 왼쪽부터 1,2,3,4 순서의 차량 순서를 만들 수 있다.

처음에 4-3-2-1 순서로 연결된 상태에서 차량들을 잘라 넣었다가 다시 꺼내 조립하는 작업을 한 번만 해서 1-2-3-4 순서로 조립할 수 있는 방법은 없다.

2-8-3-1-5-7-6-4 순서일 때, 1-2-3-4-5-6-7-8 순서로 차량을 만들기 위해 필요한 최소 작업 횟수는?

A) 3번   B) 4번   C) 5번   D) 6번   E) 7번   F) 8번

체코(Czechia)

▶▶▶▶▶ 2019-CZ-03c Rescue Mission

 문제의 배경

눈보라 폭풍이 지나간 후, 로봇 제설차를 이용해 에스키모가 살고 있는 3개의 이글루까지 도로를 복구하려고 한다. 로봇 제설차는 도로를 복구한 후 처음 위치로 돌아와야 한다.

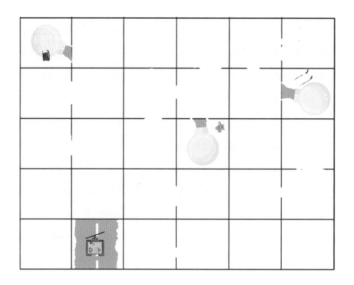

눈이 치워진 도로에서 로봇 제설차를 다른 사각형 위치로 이동시키려면 1시간이 걸린다.

눈이 안 치워진 도로에서 눈을 치우며 로봇 제설차를 다른 위치로 이동시키려면 2시간이 걸린다.

눈이 치워진 도로 위에서 로봇 제설차의 이동 방향을 바꾸는 데에는 시간이 들지 않는다.

이글루 입구가 있는 도로만 눈을 치우면 된다.

 문제/도전

로봇 제설차로 3개의 이글루까지의 도로를 복구하고, 원래 위치로 돌아오는데 필요한 최소 시간은? (정수로 입력한다.)

( )시간

07 전철 전기공급

▶▶▶▶▶ 2019-CZ 04 Railway electrification

 문제의 배경

두 전철역 사이에 놓여있는 철로에 전기가 공급된다.

전기선이 걸려있는 전기 기둥들이 두 전철역 사이에 일정한 간격마다 세워진다.

출발역에는 첫 번째 전기 기둥이 있고, 도착역에는 마지막 전기 기둥이 있다.

전기 기둥을 세우는 로봇은 오른쪽과 같은 프로그램에 따라 전기 기둥을 세운다.

두 역 사이의 거리는 d미터이고, 로봇은 n개의 전기 기둥을 세워야 한다.

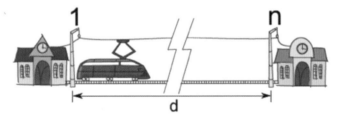

 문제/도전

로봇이 정확하게 작업할 수 있도록 비어 있는 칸에 적당한 블록을 끌어다 넣어보자.

n	n+d
d	n-d
1	d-n
2	d*n
n+1	n/d
d+1	d/n
n-1	n/(d+1)
d-1	d/(n+1)
n/2	n/(d-1)
d/2	d/(n-1)

08 노래 만들기

이탈리아(Italy)

▶ ▶ ▶ ▶ ▶ 2019-IT-01 Make a... song

문제의 배경

세르지오(Sergio)는 나무, 나뭇잎, 꽃에 대한 노래를 만들고 있다.

세르지오는 노래 가사의 구절이 생각나면 바로 그 즉시 메모를 해둔다. 그렇게 만들어진 가사 구절은 다음과 같다.

나무:

나무들이있네~ 내가 바라는 것은…

나뭇잎: 나무

나뭇잎을 만들려면~ 나무가 필요해~

과일: 꽃

과일을 만들려면~ 꽃이 필요해~

꽃: 나무

꽃을 만들려면~ 나무가 필요해~

동그란 꽃다발: 꽃 나뭇잎

동그란 예쁜 꽃다발을 만들려면~ 꽃과 나뭇잎이 필요해~

메모에는 노래 가사의 구절에 포함되어 있는 단어들과 그 이전에 먼저 나와야 하는 가사들이 나타나 있다.

예를 들어, 나무 구절에는 "나무들이 있네~ 내가 바라는 것은…" 가사가 있고, 나뭇잎 구절 전에는 나무 구절이 먼저 나와야 한다(실제로 가사들을 살펴보면, 나뭇잎을 만들려면 나무가 필요하다는 의미가 나타나 있다.).

🐻 문제/도전

세르지오가 생각한 방법에 따라 노래 가사 구절들을 한 번씩만 사용해서, 노래 한 곡을 만들어 보자. (노래 가사 구절을 악보에 순서대로 끌어다 놓으면 된다.)

나무들이있네~ 내가 바라는 것은...

나뭇잎을 만들려면~ 나무가 필요해~

과일을 만들려면~ 꽃이 필요해~

꽃을 만들려면~ 나무가 필요해~

동그란 예쁜 꽃다발을 만들려면~ 꽃과 나뭇잎이 필요해~

09 키푸

▶▶▶▶▶ 2019-JP-03 Quipu

일본(Japan)

 문제의 배경

어떤 왕국의 여왕은 백성들에게 새로운 소식들을 알리기 위해 키푸라고 부르는 매듭 줄들을 사용한다. 예를 들어 다음과 같은 키푸는 "다 함께 축하합시다."를 의미한다.

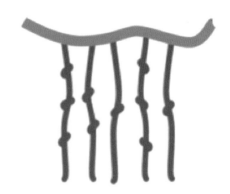

키푸의 의미는 줄들의 순서와 각 줄의 매듭 개수와 관계가 있는데, 각 줄의 매듭은 최소 0개에서 최대 3개까지 가능하다.

여왕이 알리는 서로 다른 소식들의 개수는 정확히 50가지뿐이다.

 문제/도전

여왕이 사용하는 키푸는 최소 몇 줄이면 될까?

A) 2줄   B) 3줄   C) 4줄   D) 5줄

10 신발 구입

▶▶▶▶▶ 2019-KR-04 Glass Slipper Buying Shoes

 문제의 배경

어떤 비버가 신발을 구입하러 신발 가게에 갔다.

신발 진열장에는 그림과 같이 신발의 길이와 너비에 따라 신발들이 정리되어 있었다. 길이와 너비가 모두 똑같은 신발은 없었다.

비버는 자기 발의 길이와 너비에 딱 맞는 신발을 골라야 하는데 길이와 너비가 얼마였는지 기억나지 않는다. 하지만, 자기 발에 딱 맞는 신발이 신발 진열장에 있다는 것은 알고 있다.

 문제/도전

진열장에 있는 신발들을 골라 신어 보면서 자기 발의 길이와 너비가 꼭 맞는 신발을 찾으려고 할 때, 최소 몇 번 만에 찾아낼 수 있을까?

( )번

11 빨간 모자

루마니아(Romania)

▶▶▶▶▶ 2019-RO-02 Red Riding Hood

 문제의 배경

빨간 모자 소녀가 할머니의 정원에서 꽃을 따서 모으려고 한다.

할머니의 정원은 여러 개의 부분으로 나뉘어 있는데, 각 부분마다 꽃들이 피어있다.

빨간 모자는 정원의 가장 왼쪽 위에서 시작해서, 그 오른쪽이나 아래쪽으로만 이동하면서 각 구역에 피어있는 꽃을 따서 모은다.

가장 오른쪽 아래 위치에 도착하면 꽃 모으기를 끝낸다.

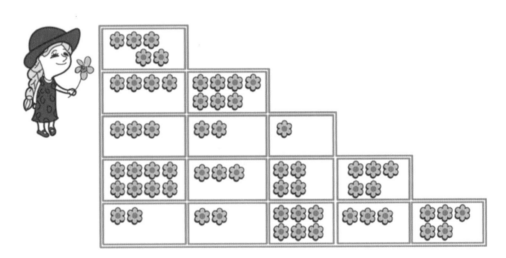

 문제/도전

빨간 모자 소녀가 모을 수 있는 꽃의 최대 개수는?

A) 35송이   B) 38송이   C) 58송이   D) 41송이

러시아(Russia)

▶▶▶▶▶ 2019-RU-02 Video Compression

 문제의 배경

컴퓨터와 같은 전자기기를 통해 보이는 이미지는 픽셀(pixel)이라고 부르는 작은 점들로 만들어진다.

동영상은 그러한 이미지들을 순서대로 보여주는 것으로서, 동영상 안에 포함되어있는 이미지 1장을 프레임(frame)이라고 부른다.

동영상을 저장하는 가장 간단한 방법은 각 프레임을 구성하는 모든 이미지의 픽셀들을 모두 저장하는 방법이다.

좀 더 효율적으로 동영상을 저장하는 방법은 첫 프레임을 저장한 후, 이전 프레임과 현재 프레임을 비교해서 달라진 픽셀들만 저장하는 방법이다.

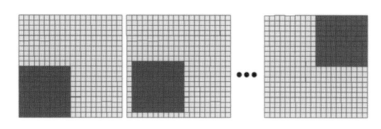

위와 같이 20*20 크기의 화면에서 10*10 크기의 검정 사각형이 왼쪽 아래에서 오른쪽 위로 이동하고 있다. 프레임이 한 번씩 바뀔 때마다, 검정 사각형이 오른쪽으로 1픽셀, 위로 1픽셀 만큼씩 움직인다.

왼쪽 아래에서 오른쪽 위로 이동하는 동영상은 11개의 프레임으로 구성되어있다.

동영상을 저장하는 가장 간단한 방법으로 저장한다면, 20*20 크기에 11개의 프레임이 필요하므로 (20*20)*11 = 4,400 개 만큼의 픽셀 데이터가 필요하다.

 문제/도전

문제에서 제시된 방법과 같이 이전 프레임과 현재 프레임을 비교해서 달라진 픽셀들만 저장한다면, 몇 픽셀이면 가능할까? 첫 프레임을 저장하려면 적어도 20*20 프레임은 필요하다.

(동영상 저장을 위해 필요한 픽셀 수를 정수로 입력한다.)

(   )픽셀

▶▶▶▶▶ 2019-RU-05 Rotate Rotate Rotate

 문제의 배경

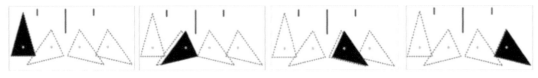

('왼쪽 → 오른쪽'으로 화면이 바뀌는 애니메이션)

삼각형들이 컨베이어 벨트를 타고 이동한다. 각 삼각형은 회전축에 박혀있다. 삼각형의 두 꼭짓점은 그 회전축에 가깝게 있고, 나머지 한 꼭짓점은 회전축에서부터 멀리 떨어져 있다. 120°만큼 회전하면 반드시 한 꼭짓점이 정확하게 회전축 바로 위(회전축에서 12시 방향)에 위치하도록 회전축이 만들어져 있다.

컨베이어 벨트 위에는 막대기들이 있기 때문에, 막대기에 삼각형이 걸리면서 지나가게 되면 다음과 같이 반시계 방향으로 120°만큼 삼각형이 회전하게 된다.

- 긴 막대기가 있는 경우에는 반드시 삼각형이 걸려 회전한다.
- 짧은 막대기가 있는 경우에는 가장 먼 꼭짓점이 12시 방향에 있는 경우에만 회전한다.

밥(Bob)은 위와 같은 삼각형 처리 과정을 설계하고 있는데, 삼각형들이 처음에 놓여있는 방향에 상관없이, 마지막에는 모두 같은 방향으로 바뀌도록 만들고 싶어한다. 밥은 여러 개의 막대기들을 적당히 배치해서, 컨베이어 벨트의 마지막에서는 다음 처리 과정을 위해 모두 같은 방향으로 회전되어 있도록 하고 싶다. 삼각형들을 처음에 어떤 방향으로 놓든지 간에 마지막에만 어떤 방향으로든 모두 같은 방향으로만 회전이 되어 있으면 된다!

문제/도전

다음 중 밥이 원하는 처리가 되는 막대기 순서는?

A) 짧은 막대기, 긴 막대기, 짧은 막대기, 긴 막대기

B) 긴 막대기, 짧은 막대기, 긴 막대기, 짧은 막대기

C) 긴 막대기, 짧은 막대기, 짧은 막대기, 긴 막대기

D) 짧은 막대기, 긴 막대기, 긴 막대기, 짧은 막대기

▶▶▶▶▶ 2019-VN-04 Coding map

 문제의 배경

왕 비버가 다음과 같은 비버 왕국의 7개 지역 중 한 곳에 보물들을 숨겼다.

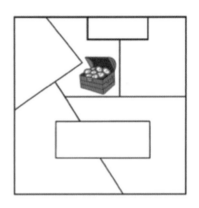

왕 비버는 다른 방식으로 보물 지도를 바꿔 그렸다. 각 지역들을 원(○)으로 그린 후, 어떤 지역과 서로 붙어있는 다른 지역들을 직선(─)으로 서로 연결하는 방법으로 보물 지도를 바꿔 그렸다. 그리고 도둑들이 헷갈리도록 가짜 보물 지도를 여러 개를 더 만들었다.

 문제/도전

다음 중 진짜 보물 지도는?

A)
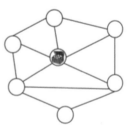

B)
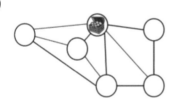

C)
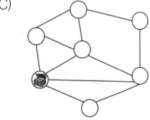

D)
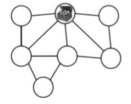

비버챌린지 2019
정답

| 그룹 Ⅳ |01 언어 감지

| 정답 | A) 1

설명
다음은 각 단어들의 점수와 그에 따른 분류이다.

규칙	점수
'p' 문자로 시작하면	−2
'b' 문자로 끝나면	−2
문자가 7개 이상이면	+3
'q' 문자 바로 다음에 'r' 문자나 'y' 문자가 나오면	−4
모음('a', 'e', 'i', 'o', 'u') 문자가 3개 연속되면	+5
생략부호(')가 포함되어 있으면	+1

단어	점수	분류
paqrooob	10−2−2+3−4+5 = 10	비버리쉬
puue	10−2+5 = 13	비버리쉬
t'seqrub	10−2+3−4+1 = 8	비버리안
meoub	10−2+5 = 13	비버리쉬
lai'laiqy	10+3−4+1 = 10	비버리쉬

t'seqrub 만 비버리안으로 분류된다.

문제 속의 정보과학

사람들이 일반적으로 사용하는 자연 언어에 컴퓨터과학 분야의 지식과 방법을 적용하는 것은 아직 활발히 연구가 되고 있는 재미있는 분야이다.

이러한 분야에는 자동으로 사람의 목소리를 텍스트 문자로 바꾸거나, 텍스트 문자들을 사람 목소리로 바꾸는 것이 포함되며, 이러한 기능을 제공하는 정보기기들이 우리 주변에서 많이 사용되고 있다.

또한, 어떤 언어로 작성된 문장을 다른 언어의 문장으로 바꿔주는 번역기능도 사용하고 있다. 그런 문장 번역의 첫 단계에서 언어감지(language detection) 기능이 필요하다.

문제에서 다루어지고 있는 자연어처리(natural language processing)는 매우 어려운 문제이기 때문에 아직 완벽하게는 구현하지는 못하고 있다. 이 문제에서는 적당히 좋은 결과를 얻을 수 있도록 어떤 특징에 따른 점수를 부여해 분석하는 방법을 사용했다.

어떤 최적값이나 최적의 방법을 알아낼 수 없을 때, 좀 더 좋은 값이나 방법으로 바꿔가며 결과적으로는 적당히 좋은 값이나 방법을 알아내는 것을 휴리스틱(heuristics)이라고 한다. 주어진 문제에서는 단어를 정확하게 구별하는 방법을 모르기 때문에 단어가 가지는 특징들에 점수를 부여하고 그 결과를 이용해 적당히 구별하는 휴리스틱 방법을 사용하고 있다. 이러한 휴리스틱 방법으로는 최적해를 보장하지는 않지만, 매우 복잡한 문제 상황에서 충분히 유용한 해를 구하고자 할 때에 효과적으로 사용될 수 있다.

핵심 주제

자연어 처리(natural language processing)

참고 웹사이트

https://en.wikipedia.org/wiki/Natural_language_processing

| 그룹 Ⅳ |02 알록달록 깃발

| 정답 |

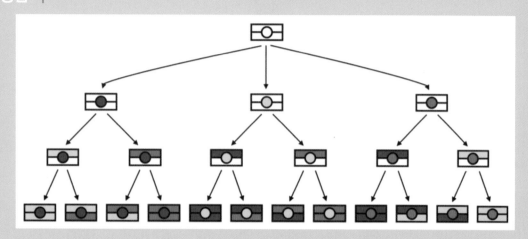

설명

두 번째 줄부터는 가운데 원의 색으로 나뉘기 때문에, 두 번째 줄의 가장 오른쪽에는 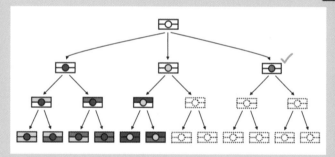 가 들어가야 한다.

세 번째 줄에는 그 윗줄에서 내려온 똑같은 색의 원에, 윗부분 색이 다른 2개의 깃발이 놓이게 된다. 따라서 가운데 줄기의 오른쪽에는 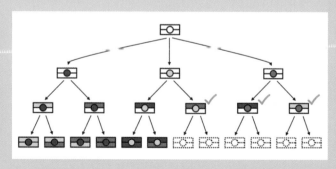 가 들어가고, 오른쪽 줄기의 왼쪽과 오른쪽에는   과   이 들어가야 한다.

네 번째 줄에는, 그 위에 있는 깃발과 똑같은 (원+깃발 윗부분)에 아랫부분 색이 다른 2개의 깃발이 놓이게 된다. 따라서, 다음과 같이 깃발들이 들어가야 한다.

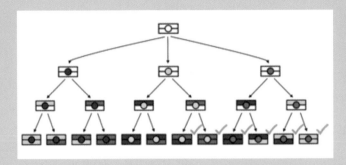

문제 속의 정보과학

일상생활 속에서 쉽게 해결할 수 있는 문제들도 있지만, 문제를 해결하기 위해 많은 시간이 필요한 어려운 문제들도 있다. 그런 문제들을 해결하는 방법 중 하나는 가능한 모든 방법들을 나열해 생각한 후, 그 중에서 가장 좋은 방법을 찾아내는 것이다. 그렇기 때문에 컴퓨터과학자들은 가능한 모든 경우들을 체계적으로 작성하는 방법을 알아야 한다.

가능한 모든 경우들을 빠트리거나 반복하지 않도록 체계적으로 명확하게 구분될 수 있게 표현해야 한다(이렇게 표현하면 컴퓨터과학자나 전문가가 아닌 비전문가들도 쉽게 이해하고 구분할 수 있게 된다.). 그렇게 함으로써 가능한 모든 경우들을 빠트리지 않고 확인할 수 있을 뿐만 아니라, 프로그래밍을 통해 그 과정들을 자동화시킬 수도 있다.

가능한 모든 경우들을 체계적으로 나열하고 구조화하는 작업을 위해 적당한 자료구조(data structure)를 사용할 수 있다. 문제에서 주어진 깃발은 3개의 부분으로 나누어 색을 칠할 수 있다. 그 특성에 따라 만들어질 수 있는 깃발들을 생각해보면 의외로 적은 개수라는 것을 알 수 있다(깃발의 윗부분과 아랫부분은 가운데에 있는 원 부분과 색이 달라야 하기 때문에, 원의 색을 기준으로 깃발의 윗부분과 아랫부분에 가능한 색들을 생각하면 된다.).

깃발에 색을 칠할 수 있는 가능한 모든 경우를 트리(tree) 형태로 구조화할 수 있다. 트리는 루트(root) 노드(node)로부터 시작해서 그 아래 다른 노드(트리)들로 연결되는 자료구조라고 할 수 있다. 각각의 노드에서 어떤 기준에 따라 서로 다른 하위 노드로 연결해 구성할 수 있는데, 그렇게 하면 가능한 모든 경우들을 체계적으로 빠트리지 않고 나열할 수 있다.

핵심 주제

트리(tree)

참고 웹사이트

https://en.wikipedia.org/wiki/Tree_(data_structure)

https://ko.wikipedia.org/wiki/트리_구조

| 그룹 IV | 03 구름 통신

| 정답 | C) 흐림

설명

위에서부터 3번째 큰 구름을 작은 구름으로 바꾸면, 흐림을 나타내는 의미가 된다. 따라서, C)가 정답이다.
A)는 1번째, 5번째 구름이 서로 다르기 때문에 답이 될 수 없다. B)는 1번째, 2번째, 4번째 구름이 다르다. D)는 2번째, 3번째, 4번째, 5번째 구름이 다르기 때문에 답이 되지 않는다.

문제 속의 정보과학

어떤 기호들을 순서대로 전송할 경우, 그 일부가 사라지거나 바뀌더라도 원래의 의미로 복구시킬 수 있는 방법을 사용하는 것이 좋다. 보내고자 하는 정보와 함께 추가적인(redundant) 정보를 함께 보낸다면, 원래의 정보가 사라지거나 바뀔 경우에 이를 이용해 원래의 정보로 복구할 수 있다.

n개의 오류가 발생했을 때 원래의 순서로 정보를 복구할 수 있는 코드화 방법을 n개 오류 정정 코드(n error correcting code)라고 부른다. 컴퓨터과학 분야에서 이러한 오류 검출 및 정정 방법들은 실시간 음악 데이터를 보내는 것과 같은 상황에서 거의 항상 사용된다. 이러한 오류 검출 및 정정 방법들을 사용하면 일부 데이터가 훼손되더라도 원래의 음악을 들을 수 있게 해준다.

주어진 문제 상황과 같이 2가지 구름을 사용해서 4가지 서로 다른 의미를 만들어내기 위해서는

 과 같이 2개의 구름만 사용해도 가능하다.

5개의 구름을 이용해서 4가지 서로 다른 의미를 나타내면, 정확한 구름 신호를 보냈을 때 수신한 구름 신호에 명확하지 않은 구름이 1개, 2개 일 때는 정확하게 원래의 의미를 알아낼 수 있고, 3개인 경우에는 때에 따라서 원래의 의미를 알아낼 수도 있다. 사용한 4가지의 코드가 서로서로 최대 3개 이상의 구름 모양이 다르기 때문이다.

천둥번개	비	흐림	맑음

예를 들어, 천둥번개 신호에서 구름 1개가 명확하지 않더라도 천둥번개 신호라는 것을 알 수 있고, 비 신호에서 구름 2개가 명확하지 않더라도 비 신호라는 것을 알아낼 수 있다. 흐림 신호에서 위에서부터 순서대로 3개의 구름이 명확하지 않았다면, 그럼에도 불구하고 흐림 신호라고 알아낼 수 있지만, 흐림 신호에서 3개의 작은 구름들이 명확하지 않았다면 천둥번개 신호일 수도 있다.

핵심 주제
오류 정정 코드(error correction code)

참고 웹사이트
https://en.wikipedia.org/wiki/Error_correction_code
https://ko.wikipedia.org/wiki/오류_검출_정정

| 그룹 IV | 04 햄버거 재료

| 정답 | A)

설명

재료를 알고 있는 버거들을 서로 비교하면서, 어떤 기호(A, B, C, D, E, F)가 어떤 재료인지 알아낼 수 있다.

햄버거			같은 기호 F	F: 초록색 "상추"
재료	C, F	B, E, F		

햄버거			같은 기호 C	C: 갈색 "고기 패티"
재료	C, F	B, C, D		

햄버거			같은 기호 B	B: 노란색 "치즈"
재료	A, B, E	B, C, D		

햄버거			같은 기호 B, E	B: 노란색 "치즈" E: 주황색 "치킨 패티"
재료	A, B, E	B, E, F		

위와 같이 비교하면서 4가지(B, C, E, F) 재료가 어떤 것인지 알아낼 수 있다. 나머지 재료는 다음 햄버거를 통해 알아낼 수 있다.

햄버거		모르는 기호 A	알아낸 재료 A: 빨간색 "토마토"
재료	A, B, E		

햄버거		모르는 기호 D	알아낸 재료 D: 흰색 "모짜렐라치즈"
재료	B, C, D		

따라서, A, E, F 재료로 만든 햄버거는 A)   이다.

문제 속의 정보과학

논리(logic)는 컴퓨터과학의 많은 영역에서 기초가 된다. 이 문제는 논리적 추론 과정을 통해 해결할 수 있다. 햄버거들을 서로 비교하고 공통으로 사용되는 재료들을 찾아내는 과정을 통해서 알 수 없는 정보들을 추론해 낼 수 있다.

집합(set) 이론에서 집합은 어떤 원소들의 그룹이라고 할 수 있다(이 문제에서는, 햄버거에 들어가는 서로 다른 재료들을 원소라고 생각할 수 있고, 그 원소들로 만들어지는 햄버거들을 집합이라고 생각할 수 있다.). 집합들에 대해서 교집합(intersection), 차집합(set difference), 여집합(complement)과 같은 집합 연산들을 수행할 수 있다.

• 햄버거 재료들에 대한 교집합 연산으로 공통된 재료가 골라진다.
• 어떤 햄버거 재료들에서, 이미 알고 있는 재료들을 제거하는 차집합 연산으로 모르는 재료가 골라진다(치즈와 치킨을 빼고 난 나머지 재료가 토마토라는 것을 알아낸 것).

햄버거 재료들을 교집합하거나 차집합하고 난 나머지 재료가 1개뿐이라면, 그 재료가 어떤 것인지 알아낼 수 있다.

핵심 주제

논리적 추론(logical reasoning), 집합론(set theory)

참고 웹사이트

https://en.wikipedia.org/wiki/Logical_reasoning
https://en.wikipedia.org/wiki/Set_theory
https://ko.wikipedia.org/wiki/집합론

| 정답 | B)

설명

문자 "三"(석 삼)은 위-가운데-아래 구조이다. 따라서, 윗부분은 밝은 파랑색 ▲, 가운데 부분은 노랑색 ★,
아랫부분은 분홍색 ◎로 표현해야 한다.

문자 "二"(두 이)는 위-아래 구조이다. 따라서, 윗부분은 밝은 파랑색 ▲, 아랫부분은 분홍색 ◎로 표현해야
한다.

문자 "八"(여덟 팔)은 왼쪽-오른쪽 구조이다. 따라서, 왼쪽 부분은 파랑색 ■, 오른쪽 부분은 초록색 ◉로 표
현해야 한다.

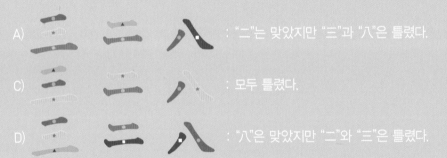

A) : "二"는 맞았지만 "三"과 "八"은 틀렸다.

C) : 모두 틀렸다.

D) : "八"은 맞았지만 "二"와 "三"은 틀렸다.

문제 속의 정보과학

데이터, 데이터구조, 데이터 재표현:

그림, 텍스트, 수 등 다양한 형태의 데이터들이 있다. 주어진 문제에서는 한자를 이미지로 바꾸는 규칙을 찾아
내야 한다. 이미지들이 만들어지는 규칙을 찾아내면, 어떤 한자가 어떤 이미지들로 만들어지게 될지를 예측할
수 있다.

한자는 각각의 부분들을 블록별로 모아 2차원적으로 조립하는 것과 비슷한 구조를 가지고 있다. 왼쪽-오른
쪽, 위-아래 등으로 문자들을 조립해 다른 문자들이 만들어진다.

핵심 주제

데이터(data)

참고 웹사이트

https://en.wikipedia.org/wiki/Data_(computing)

| 그룹 Ⅳ | 06 습지 개미

| 정답 | 7마리

설명

다음과 같은 방법으로 7마리를 보낼 수 있다.

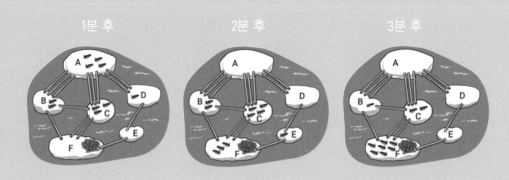

다른 어떤 방법을 사용하더라도, 3분 동안에 최대 7마리까지만 보낼 수 있다.

아래와 같은 방법으로도 최대 7마리를 보낼 수 있다.

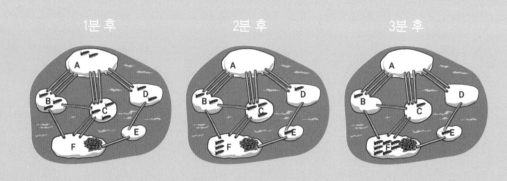

문제 속의 정보과학

이 문제는 3분 동안 바위와 막대기로 구성된 네트워크를 통해 최대한 많은 개미들을 목적지로 이동시켜야 하는 최적화 문제(optimization problem)라고 할 수 있다.

네트워크 안에 있는 개미들은 네트워크가 어떤 구조로 되어있는지 알 수 없기 때문에 최적 해법을 찾아낼 수 없다. 하지만, 개미들을 관찰하는 입장에서는 네트워크의 구조를 알 수 있기 때문에 최적의 전략을 찾아낼 수 있다.

이 문제에서는 개미들이 네트워크의 구조를 알고 있다고 가정했기 때문에 이동경로를 나누어 선택할 수 있다고 생각한 것이다.

그래프(graph)는 네트워크들을 모델링하는 데 사용되는 추상 데이터 구조(abstract data structure)로서 어떤 상황에서 네트워크 안에서의 흐름을 최적화하는 여러 가지 알고리즘들이 있다.

하지만, 기존의 알고리즘들을 사용하지 않고도 다음과 같이 생각할 수 있다.

• D→E 경로를 사용해서 3분 동안 이동시킬 수 있는 개미는 최대 1마리이다.

• A→B 경로를 사용해서 3분 동안 이동시킬 수 있는 개미는 최대 2마리이다.

• B→C 경로를 사용하는 방법은 A→C 경로를 사용하는 방법과 다르지 않기 때문에 고려하지 않아도 된다.

• 네트워크 흐름에 결정적인 영향을 미치는 막대기는 B→F와 C→F이다.

이와 같은 상황들을 고려하면, 최적(최대)의 해법을 찾아낼 수 있다.

핵심 주제

네트워크 플로우(network flow), 최대 흐름 문제(maximum flow problem)

참고 웹사이트

https://en.wikipedia.org/wiki/Flow_network

https://ko.wikipedia.org/wiki/네트워크_흐름

https://en.wikipedia.org/wiki/Maximum_flow_problem

| 정답 | 29

설명

바위로 막혀있는 도로는 없다고 생각할 수 있다.

그렇게 생각하면 지도를 다음 그림처럼 바꿔 생각할 수 있다.

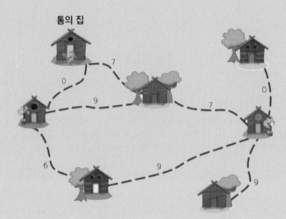

통행료가 0인 도로로 연결된 집들은 통행료가 없기 때문에 같은 위치에 있다고 생각할 수 있다.

통행료가 0인 집들을 합쳐 놓으면 다음 그림처럼 바꿔 생각할 수 있다.

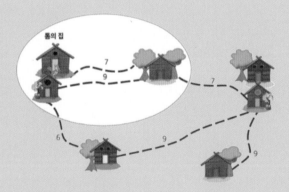

원 안에 있는 집들은 2개의 도로로 연결되어 있는데 그 중 통행료가 비싼 도로를 지울 수 있다.

이제 노란색으로 칠해진 순환 도로만 처리하면 된다.

순환 도로로 만들어지는 도로 중 어떤 하나를 빼더라도 이웃집들로 이동하는 데 전혀 문제가 없다. 따라서 순환 도로를 만드는 도로 중에서 통행료가 가장 비싼 도로를 지운다.

이제 꼭 필요한 도로들만 남게 되었고, 필요한 비용은 6+7+7+9=29 임을 알 수 있다.

문제 속의 정보과학

어떤 '위치'들을 돌아다닐 수 있는 '가장 좋은' 방법을 찾기 위해 컴퓨터가 자주 사용된다.

'가장 좋은' 방법이란 '이동 시간이 가장 짧은', '이동 거리가 가장 짧은', '비용이 가장 싼' 등을 의미하며, '위치'는 '도시', '집', '네트워크로 연결된 컴퓨터' 등이 될 수 있다.

이런 종류의 문제들을 최단 경로 문제(shortest path problem)라고 하며, 더 큰 범위로는 최적화(optimization) 문제로 분류할 수 있다.

주어진 문제를 해결하기 위해서 집들의 색, 도로의 모습, 이름과 같은 모든 정보들을 고려할 필요는 없다. 문제를 해결하기 위해 반드시 필요한 데이터들과 그 데이터들 사이의 관계만을 저장하고 처리하여 해결할 수 있으며, 그러한 자료구조가 그래프(graph)라고 할 수 있다.

다음은 문제에서 주어진 상황을 그래프로 표현한 것인데, 문제를 해결하기 위해 필요한 모든 정보가 들어 있다.

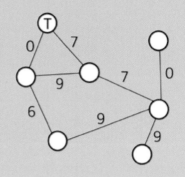

핵심 주제

최소 비용 신장 트리(minimum spanning tree)

참고 웹사이트

https://en.wikipedia.org/wiki/Minimum_spanning_tree

https://en.wikipedia.org/wiki/Kruskal's_algorithm

https://ko.wikipedia.org/wiki/크러스컬_알고리즘

| 정답 |

4,2,4

2,2,3

3,3,3

1,4,1

설명

4,2,4

2,2,3

3,3,3 은 한 변의 길이가 3인 정사각형이 그려진다.

1,4,1

문제 속의 정보과학

컴퓨터 프로그램은 컴퓨터가 실행해야 하는 명령어들의 순서라고 할 수 있다.

프로그램의 명령어들은 컴퓨터가 수행해야 하는 구체적인 작동과정과 방법을 설명한 것이라고 할 수 있다. 따라서 프로그램의 명령어 차이는 그 프로그램의 실행 결과의 차이로 이어진다.

프로그램의 실행과 그 결과를 확인하는 과정에서는 주어진 명령 순서대로 실행되는 과정을 정확하게 이해해야 하고, 각각의 단계들을 정확하게 따라가야 한다. 이렇게 어떤 문제를 해결하기 위해 작성된 알고리즘은 컴퓨터 프로그래밍에서 중요한 핵심 중 하나이다.

프로그램의 오류(error)를 찾아내는 디버깅(debugging) 과정에서는 작성된 코드를 한 단계씩 따라가며 프로그램이 정확하게 실행되고 있는지 꼼꼼하게 확인하는 능력이 매우 중요하다.

핵심 주제

컴퓨터 프로그램(computer program)

참고 웹사이트

https://en.wikipedia.org/wiki/Computer_program

https://ko.wikipedia.org/wiki/컴퓨터_프로그램

| 그룹 IV | 09 접시

| 정답 | A) 3개

설명

다음과 같은 방법으로 접시들을 이동시키면, 3개의 접시만 이동시켜 크기순으로 정렬할 수 있다.

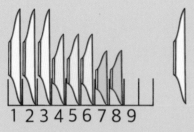

처음 상태

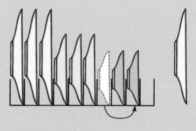

1) 가장 작은 접시를 옮긴다.

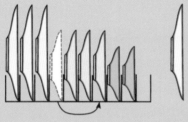

2) 중간 크기의 접시를 옮긴다.

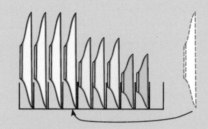

3) 가장 큰 접시를 끼워 넣는다.

답을 찾기 위해서는 가장 큰 접시를 끼워 넣을 공간을 찾아야 하는데, 처음 상태에서의 순서를 먼저 잘 살펴보아야 한다.

가장 큰 접시를 새로 넣으면서 가장 큰 접시들을 왼쪽 자리로 모으기 위해서는, 새로 넣는 가장 큰 접시를 4번 위치에 넣어야 한다. 그러려면 4번 자리에 들어있는 중간 크기의 접시를 다른 곳으로 옮겨야 한다. 같은 방법으로, 중간 크기의 접시를 이동시켜 함께 모으기 위해서는 7번 자리에 들어가야 한다. 그 자리에는 이미 작은 크기의 접시가 들어있다. 따라서, 7번 자리에 들어있던 가장 작은 접시를 9번 위치로 옮기면 된다. 이제 거꾸로 거슬러 올라가면서 접시들을 하나씩 이동시키면 된다.

문제 속의 정보과학

문제에서 주어진 접시들을 크기순으로 정렬시키는 가장 직관적인 방법은, 중간 크기와 작은 크기의 접시들을 모두 한 칸씩 오른쪽으로 움직여 가장 큰 접시가 들어갈 공간을 만드는 것이다. 그렇게 하려면 접시들을 6개 움직여야 한다. 8번 자리에 있는 접시를 9번으로, 7번 자리에 있는 접시를 8번으로, 6번 자리에 있는 접시를 7번으로, …, 4번 자리에 있는 접시를 5번으로 옮기고, 가장 큰 접시를 4번 자리에 넣으면 된다. 가장 큰 크기의 접시를 끼워 넣기 위해서는 그 접시와 크기가 같거나, 크기가 더 큰 접시가 있는 위치까지 접시들을 한 칸씩 이동시켜야 한다. 그렇게 해야 가장 큰 접시를 끼워 넣을 수 있는 공간을 만들 수 있기 때문이다.

컴퓨터를 사용해서도 똑같은 방법(알고리즘)을 사용할 수 있다. 컴퓨터를 사용하면 (수백만 개 이상의) 더 많은 데이터들에 대해서도 같은 작업을 수행시킬 수 있다. 하지만, 위와 같은 방법을 사용하면 이미 정렬되어 있는 값들 사이에 어떤 새로운 값을 끼워 넣기 위해서 수백만 개의 다른 데이터들을 모두 이동시켜야 하는 경우가 생길 수도 있다. 그러한 방법은 컴퓨터를 사용하더라도 상당히 오랜 시간이 걸린다. 따라서 컴퓨터과학자들은 이 문제에서의 풀이방법과 같이 더 효율적인 알고리즘을 생각해내야 한다.

주어진 데이터들이 정렬되어 있고 그 안에 동일한 값들이 있을 때, 그 값들의 가짓수가 몇 개인지 알고 있다면, 새로운 어떤 값을 그 데이터 리스트 안에 끼워 넣기 위해서 최대로 그 가짓수만큼만 이동시키면 된다(주어진 문제에서는 접시들의 크기가 3종류였고, 새로운 접시를 그 사이에 끼워 넣기 위해서 3개의 접시만 이동시키면 되었다.).

데이터들이 이미 정렬되어 있는 상태에서, 새로운 데이터를 끼워 넣어 정렬된 상태를 유지시킬 수 있는 가장 처음 위치를 lower bound라고 하고, 가장 마지막 위치를 upper bound라고 한다. 주어진 문제에서 새로운 접시를 끼워 넣어 정렬 상태를 유지할 수 있는 가장 처음 위치는 1번(lower bound)이고, 가장 마지막 위치는 4번(upper bound)이다. 데이터가 정렬되어 있는 상태이기 때문에 이진탐색(binary search) 방법을 사용해 삽입할 수 있는 위치를 빠르게 찾을 수 있다.

핵심 주제

정렬(sorting)

참고 웹사이트

https://en.wikipedia.org/wiki/Sorting_algorithm

https://ko.wikipedia.org/wiki/정렬_알고리즘

| 그룹 IV | 10 버스 시간표

| 정답 | 12:00

설명

제임스는 다음과 같은 방법으로 12:00에 D 정류장에 도착할 수 있다.

- A 정류장에서 11:10에 1000번 버스를 타고, C 정류장에서 내리면 11:30이 된다.
- C 정류장에서 11:40에 11번 버스를 타고, D 정류장에서 내리면 12:00가 된다.

제임스가 A 정류장에서 12:00에 11번 버스를 타면, D 정류장에서 내렸을 때 13:00가 된다.

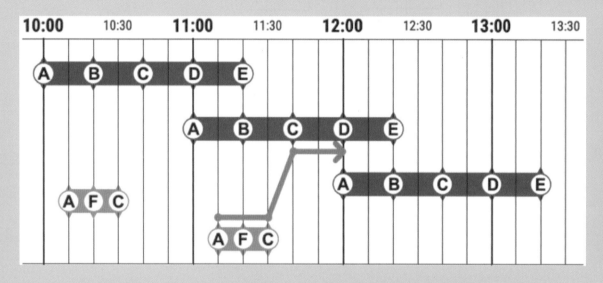

문제 속의 정보과학

컴퓨터과학 분야에서 자주 사용되는 문제해결 방법은 "그래프(graph)" 형태로 문제를 모델링하는 것이다. 다음 그림과 같이 사각형과 화살표로 이루어진 그래프로 표현할 수도 있다. 사각형으로는 비버 제임스의 위치와 시간을 표시하고, 화살표에는 위치가 바뀔 때까지 걸리는 이동시간을 표시할 수 있다.

제임스가 버스를 타고 A에서 D로 이동할 수 있는 방법을 사각형과 화살표를 이용해 그래프로 표현하면 다음과 같다.

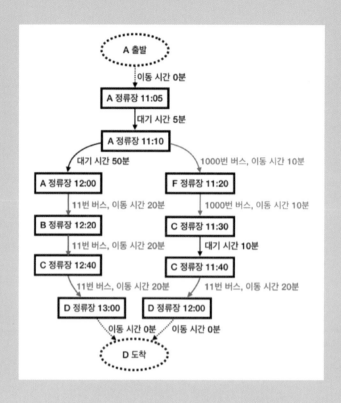

이렇게 그래프 형태로 표현하고 나면, 그래프(graph) 이론에서 다루어지는 최단 경로 탐색 문제(shortest path problem)로 바꿔 생각할 수 있다. 최단 경로 탐색 문제는 두 정점(노드)(위 그림에서 사각형) 사이를 이동할 때, 간선(링크)(위 그림에서 화살표)들의 가중치(위 그림에서 시간) 합을 최소화하는 문제이다.

위 그림에서 가장 위에 있는 A출발 정점에서부터 가장 아래에 있는 D도착 정점까지 이동할 수 있는 경로는 2가지이다. 왼쪽 경로를 따라 이동했을 때의 가중치 합은 0+5+50+20+20+20+0=115 이고, 오른쪽 경로를 따라 이동했을 때의 가중치 합은 0+5+10+10+10+20+0=55 이다. 따라서, 최단 경로는 오른쪽 경로이다.

핵심 주제

최단 경로 문제(shortest path problem)

참고 웹사이트

https://en.wikipedia.org/wiki/Shortest_path_problem

https://ko.wikipedia.org/wiki/최단_경로_문제

설명

두 섬을 연결한 다리 1개는 두 섬에서 한 번
씩 두 번 세어지기 때문에, 섬에 연결시켜야 하
는 다리들의 개수들을 모두 합하면 정확하게 필
요한 다리의 개수의 2배가 될 것이다. 따라서
(2+3+2+1+1+2+2+2+1)/2=8 개의 다리만 있으면
된다.
단, 오른쪽 그림과 같이 주어진 섬의 배치로 8개의
다리를 연결할 수 있는지를 확인해보아야 한다.

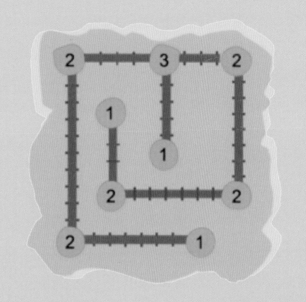

문제 속의 정보과학

그래프(graph)에서 객체들은 원(정점, 노드)으로
표현하고, 그 객체들 사이의 관계는 선(간선, 링크)
으로 표현한다.

어떤 정점(vertex)의 차수(degree)는 그 정점에 연결된 간선(edge)의 개수를 의미하는데 주어진 문제에서 섬
에 연결되어야 하는 다리의 개수라고 생각할 수 있다. 그래프에서 모든 노드들의 차수의 합은 간선들의 합의
2배가 된다. 하나의 간선으로 두 개의 정점을 서로 연결시키기 때문이다.

이러한 결과는, 무방향 그래프(undirected graph)에서는 반드시 짝수 개의 정점이 홀수 차수(다른 정점과
연결되는 개수)가 된다는 핸드셰이킹 보조정리(handshaking lemma)로 확장될 수 있다. 보다 쉽게 설명하자
면, 파티에 참가한 사람들이 서로 악수를 한다고 할 때 짝수의 사람들이 반드시 홀수 번 악수를 하게 된다는
것이다. 파티에 참가한 사람들이 서로 악수를 했는데 홀수의 사람들이 홀수 번 악수를 할 수 있는 경우는 없
다는 것이다.

핵심 주제

그래프 이론(graph theory)

참고 웹사이트

https://en.wikipedia.org/wiki/Graph_theory

https://ko.wikipedia.org/wiki/그래프_이론

| 그룹 Ⅴ |01 친환경 항공 경로

| 정답 | C) 8개

설명

아래 그림처럼 8개의 항공 노선을 폐쇄하더라도, 7개의 항공 노선을 이용해서 모든 도시로 고객들을 이동시킬 수 있다.

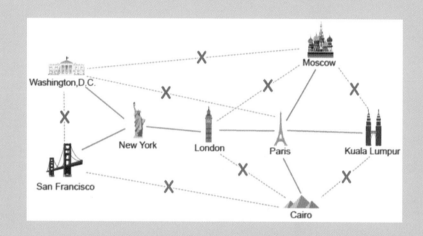

처음에 15개의 노선에서 8개를 폐쇄하면 7개의 항공 노선만 남는다. 항공 노선을 더 줄일 수는 없을까? 만약에 2개의 도시만 있다고 생각해보면 반드시 그 사이에 1개의 노선이 필요하다. 같은 생각으로 3개의 도시만 있다고 생각하면 최소 2개의 노선이 필요하다. 따라서, 8개의 도시가 있는 경우에는 최소 7개의 노선이 필요하다.

만약 9개 이상의 항공 노선을 폐쇄하면, 6개의 항공 노선만 남게 된다. 6개의 항공 노선만 남게 된다면 8개 도시 중에 이동하지 못하는 도시가 반드시 생기게 된다. 어떤 도시와 그 도시로 연결되는 항공 노선을 하나씩 지워나가면, 항공 노선으로 연결되지 못하는 도시가 남게 되거나, 서로 항공 노선으로 연결되지 않는 2개의 도시가 남게 될 것이기 때문이다. 따라서, 8개의 도시 사이에 6개의 항공 노선만을 남기면, 고객들이 이동하지 못하는 도시가 반드시 생기는 것을 알 수 있다.

문제 속의 정보과학

주어진 문제에서 도시들과 항공 노선들은 그래프(graph)로 바꿔 표현할 수 있다. 도시들은 노드(정점)로, 두 도시 사이를 연결하는 항공 노선들은 링크(간선)로 표현할 수 있기 때문이다. 모든 도시로 이동할 수 있으면서 최소 개수의 항공 노선들만 남기는 문제는, 컴퓨터과학 분야에서 다루어지는 최소 비용 신장 트리(minimum spanning tree) 문제와 같다.

통신 네트워크, 도로 교통망, 수도 및 전기 공급망 등을 최소 비용으로 설계하는 것과 같은 문제 상황에서 컴퓨터과학자들은 이러한 최소 비용 신장 트리 문제를 효과적으로 해결하는 알고리즘들을 사용한다.

핵심 주제

최소 비용 신장 트리(minimum spanning tree)

참고 웹사이트

https://en.wikipedia.org/wiki/Minimum_spanning_tree

| 정답 | C) 감시카메라A: 2개, 감시카메라B: 2개

설명

감시카메라에 기록되는 통나무의 개수를 세는 것이기 때문에 목재 공장에 들어오는 통나무들의 순서는 중요하지 않다.

* 60cm 길이의 통나무가 들어오면?

  스위치A를 통과하고, 스위치B에 의해서 트럭에 실린다. 감시카메라A에 기록된다.

* 140cm 길이의 통나무가 들어오면?

  스위치A를 통과하고, 스위치B에 의해서 트럭에 실린다. 감시카메라A에 기록된다.

* 360cm 길이의 통나무가 들어오면?

  스위치A를 통과하고, 스위치B를 통과하고,

  스위치C에서 160cm가 잘려 트럭에 실린다. 감시카메라B에 기록된다.

  나머지 200cm 길이의 통나무가 스위치S 통과, 스위치A 통과, 스위치B 통과

  스위치C에서 160cm가 잘려 트럭에 실린다. 감시카메라B에 기록된다.

  나머지 40cm 길이의 통나무가 스위치S를 통과하고, 스위치A에서 버려진다.

따라서, 감시카메라A에서 2번, 감시카메라B에서 2번 기록된다.

문제 속의 정보과학

목재 공장 내부에서 통나무들이 이동되며 처리되는 상황을 정수 수열로 바꾸어 생각할 수 있다. 그렇게 생각하면, 정숫값들이 여러 가지 반응형 연산자들(병합, 필터, 변형)을 통해 처리되고 감시카메라에 의해 측정이 이루어지는 과정은 리액티브(reactive) 프로그래밍이라는 프로그래밍 패러다임을 보여주는 것이라고 할 수 있다.

스위치S는 두 곳에서 입력되는 데이터 흐름을 하나로 합쳐주는 병합(merge) 연산이라고 생각할 수 있다. 스위치A와 스위치B는 어떤 기준값에 따라 데이터 흐름을 두 개로 나누어 분류해주는 필터(filter) 연산이라고 생각할 수 있다. 감시카메라는 그 앞을 지나가는 통나무들의 개수를 센다고 생각하면 스캔(scan) 연산이라고 생각할 수 있다.

핵심 주제

리액티브 프로그래밍(reactive programming)

참고 웹사이트

https://en.wikipedia.org/wiki/Reactive_programming

03 스페셜 타워

ㅣ 정답 ㅣ 3개

설명

다음 그림1, 그림2에서와 같이 자기 자신의 왼쪽에 있는 타워들의 가장 꼭대기가 모두 자기 높이보다 낮고, 자기 자신의 오른쪽에 있는 타워들의 꼭대기가 모두 자기 높이보다 높은 경우, 그 타워는 스페셜 타워이다.

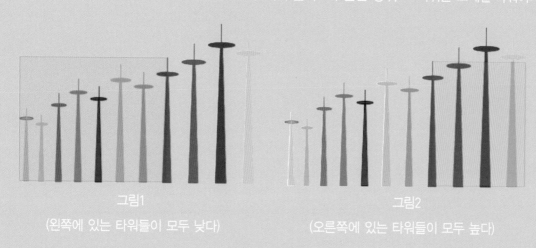

그림1
(왼쪽에 있는 타워들이 모두 낮다)

그림2
(오른쪽에 있는 타워들이 모두 높다)

주어진 문제를 해결하는 한 가지 방법은 어떤 타워의 왼쪽에 있는 모든 타워들의 높이가 자신보다 낮을 때를 그림3처럼 표시하고, 그 타워의 오른쪽에 있는 모든 타워들의 높이가 자신보다 높을 때를 그림4처럼 표시하는 것이다.

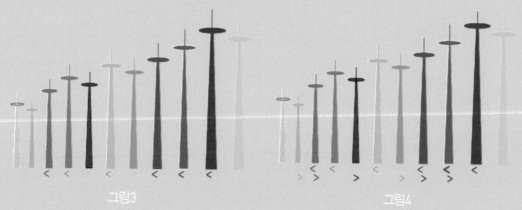

그림3
(왼쪽에 있는 모든 타워가 자신보다 낮은 경우)

그림4
(오른쪽에 있는 모든 타워가 자신보다 높은 경우)

'‹' 표시와 '›' 표시가 모두 표시된 타워는 스페셜 타워('*')이다.

스페셜 타워

문제 속의 정보과학

이 문제는 높이 순으로 정렬되어 있는 순서를 다루고 있다.

일반적으로 어떤 순서에 따라 나열하는 것을 정렬(sorting)이라고 부르는데, 정렬은 컴퓨터과학 분야에서 다루어지는 문제 중 하나이며, 여러 가지 정렬 알고리즘들이 만들어져 있다.

퀵(quick) 정렬 알고리즘은 가장 유명하면서도 자주 사용되는 방법인데 그 이름처럼 일반적으로 매우 빠른 정렬 방법이기 때문이다!

퀵 정렬 알고리즘은 다음과 같은 단계로 동작한다.

주어진 집합에서 1개를 선택하고, 그것을 그 집합의 중심이 되는 값이라는 의미로 "피봇(pivot)"이라고 부른다. 피봇값보다 작은 값들은 피봇의 왼쪽으로 모두 옮기고, 그 피봇보다 큰 값들은 피봇의 오른쪽으로 모두 옮긴다.

이제 그 피봇값을 중심으로 왼쪽에는 모두 작은 값들이 있고, 오른쪽에는 모두 큰 값들이 있기 때문에 각각의 집합에 대해서 같은 방법으로 계속해 진행해간다(재귀적 방법을 사용한다.).

단계들을 계속 진행해 나아갈 때마다, 집합의 원소 수가 계속해서 줄어들게 된다. 모든 집합의 원소 수가 1 이하가 되면 이후 모든 단계들이 종료되는데, 모든 단계들이 종료되었다는 것은 모든 집합이 정렬되었다는 것을 의미한다.

(퀵 정렬 애니메이션 살펴보기 : https://en.wikipedia.org/wiki/Quicksort)

주어진 문제에서 스페셜 타워는 작은 타워들이 모두 왼쪽으로 이동되고 큰 타워들이 모두 오른쪽으로 이동되어 있는 상태의 피봇을 의미한다.

핵심 주제

퀵 정렬(quicksort), 피봇(pivot)

참고 웹사이트

https://en.wikipedia.org/wiki/Quicksort

https://ko.wikipedia.org/wiki/퀵_정렬

| 그룹 V | 04 3가지 고민

| 정답 | C) 3개

설명

만약에 엄마 비버가 장난감 4개를 모두 상자에 넣을 수 있다고 가정한다면, 조건4를 만족시키지 못한다.

모든 조건들에는 각각 3가지 경우가 OR(이거나)로 결합되어 있는데, 3가지 경우 중 1가지 이상을 반드시 만족해야 그 조건이 만족된다는 의미이다. "상자에 장난감이 있는 경우"를 1, "상자에 장난감이 없는 경우"를 0으로 표시한 표를 만들면, 각각의 조건들을 체계적으로 쉽게 확인할 수 있다.

상자 구분	W	X	Y	Z
조건1	–	1	0	0
조건2	1	1	–	0
조건3	–	0	0	1
조건4	0	0	0	–
조건5	–	0	1	0

이제, 각각의 상자에 나누어 넣을 수 있는 방법(상태)들을 장난감들을 많이 넣을 수 있는 순서로 문제에서 주어진 모든 조건들을 만족하는지 한 가지씩 확인해 볼 수 있다(상자에 넣을 수 있는 장난감의 최대 개수를 구해야 하는 문제이기 때문에 4개를 넣을 수 있는지? 3개를 넣을 수 있는지? 2개를 넣을 수 있는지? … 순서로 확인해 가면 답을 구할 수 있다.).

각각의 조건들은 그 조건에 포함되어 있는 3가지 경우 중 1가지 이상만 만족하면 그 조건이 만족된다(3가지 경우들은 논리합인 OR로 묶여있다. 3가지 경우를 모두 만족하지 않으면, 그때 그 조건이 만족되지 않게 된다.).

다음 표는 상자에 인형들을 넣을 때, 만족시키지 못하는 규칙과 장난감이 들어있는 상자의 개수를 정리한 표이다. 빨간색 숫자들은 각 조건들(조건1~조건5)을 만족시키지 못하는 경우이다.

상태 \ 상자	W	X	Y	Z	만족시키지 못하는 조건	장난감이 들어가는 상자의 수
a	1	1	1	1	4	(4)
b	1	1	1	0	3, 4	(3)
c	1	1	0	1	5	(3)
d	1	0	1	1	1	(3)
e	0	1	1	1	–	(3)

X, Y, Z에 인형을 넣는 경우, 5개의 조건을 모두 만족시키며 가장 많은 인형을 넣을 수 있다.

문제 속의 정보과학

참 또는 거짓을 판단할 수 있는 논리 명제들은 정보과학 분야에서 매우 많이 사용된다. 이런 종류의 문제들에서는 특정 제약조건들을 모두 만족하는 방법을 찾아내야 하는 경우가 매우 많은데, 특수한 경우를 제외하고는 문제를 해결할 수 있는 특별히 효율적인 방법이 알려져 있지 않다.

이 문제는 "충족 가능성 문제(boolean satisfiability problem)"로 알려져 있는 문제이다. 주어진 문제와 같이 3가지 조건을 충족시키는 경우(3-SAT)는 문제를 충분히 어렵게 만들고, 조건들이 늘어날수록 더 어려워진다. 주어진 문제에서는 5개의 조건(조건1~조건5)을 모두 만족시키는 경우를 찾는 것이었는데, 가능한 모든 경우들을 나열하고 순서대로 확인해보는 방법으로 해결할 수밖에 없었다.

컴퓨터과학자들은 조금 더 좋은 전략들을 알고 있지만, 모든 경우들이 크게 효과적이지는 않다. 가장 빠른 "SAT solver" 프로그램을 작성하는 SAT 프로그래밍 대회도 있다. 다양한 문제들을 SAT 형태의 문제로 바꿀 수 있기 때문에, 여러 상황에서 SAT solver 프로그램들이 효과적으로 사용될 수 있다.

핵심 주제

충족 가능성 문제(Satisfiability problem, SAT)

참고 웹사이트

https://en.wikipedia.org/wiki/Boolean_satisfiability_problem
https://ko.wikipedia.org/wiki/충족_가능성_문제

| 그룹 Ⅴ | 05 고대 비버들로부터의 메시지

| 정답 | A) LOVEWATER

설명

첫 번째 기호 ⬛는 문자 L을 의미한다. 따라서 답은 A) LOVEWATER 또는 C) LOVEMYSUN이 된다. LOVEWATER와 LOVEMYSUN은 다섯 번째 문자가 다르다. 다섯 번째 기호 ⬛는 W를 의미한다. 마지막 기호 ⬛는 R을 의미한다. 따라서 답은 A) LOVEWATER이다.

주어진 문자표의 기호들을 이용해 LOVEWATER를 변환하면,

정확하게 ⬛⬛⬛⬛⬛⬛⬛⬛⬛ 가 됨을 다시 확인할 수 있다.

문제 속의 정보과학

데이터 보안(data security)은 중요한 이슈 중 하나이다. 적합한 권한이나 자격이 없는 사람들로부터 데이터를 보호하는 방법 중 하나는 데이터를 암호화(encryption)하는 것이다. 암호학(cryptography)은 거의 3500년 이전부터 시작되었으며, 초기의 암호화 방법은 어떤 문자를 다른 문자로 바꾸는 것이었다. 주어진 문제에서 어떤 문자를 다른 기호로 바꾸는 규칙은 누구나 잘 아는 어떤 문자를 아무나 알 수 없는 다른 기호로 바꾸는데 사용된 암호화 방법이라고 할 수 있다.

만약 이 문제에서 암호화 문자표가 없었다면, 기호들을 문자로 변환하는 것은 거의 불가능하다. 암호들을 풀어내려고 노력하는 암호학자들은 암호화된 기호들을 분석해내기 위해서 문자들이 사용되는 빈도를 분석하거나, 패턴을 분석하는 것과 같은 방법 등을 사용한다.

핵심 주제

암호학(cryptography)

참고 웹사이트

https://en.wikipedia.org/wiki/Cryptography
https://ko.wikipedia.org/wiki/암호학

| 정답 |

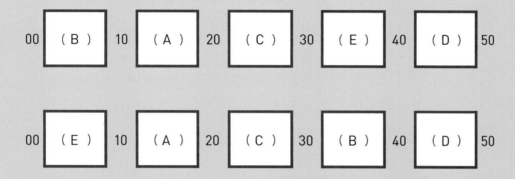

설명

00초부터 10초 사이 : 누군가 시청 문을 열었거나, 닫았다.
10초에 만들어진 차이 이미지에서 시청의 문 부분만 빨간 사각형으로 나타났기 때문이다.

10초부터 20초 사이 : 톰과 티나가 만났다.
20초에 만들어진 차이 이미지의 가운데(만난 곳)에 두 개의 빨간 사각형으로 나타났기 때문이다.

20초부터 30초 사이 : 톰과 티나가 팔짱을 끼고 걸어간다.
30초에 만들어진 차이 이미지에는 그 전에 톰과 티나가 만난 위치와 둘이 함께 오른쪽 아래로 움직인 것과 같은 빨간 사각형들이 나타났기 때문이다.

30초부터 40초 사이 : 누군가 시청 문을 닫았거나, 열었다.
톰과 티나는 이미지 밖으로 사라졌다. 40초에 만들어진 차이 이미지에 시청 문의 상태가 변한 것이 나타나 있고, 사진에서 사라진 톰과 티나의 이전 위치가 빨간 사각형들로 나타났기 때문이다.

40초부터 50초 사이 : 바람이 불기 시작했다.
나뭇가지 부분에서 빨간 사각형들이 나타났기 때문이다. 바람이 불면 나뭇가지가 흔들려 차이가 생길 수 있기 때문이다.
시청 문이 열리거나 닫힌 것은 똑같은 차이 이미지로 만들어진다.

문제 속의 정보과학

자동 이미지처리 및 분석 시스템은 공항이나 기차역과 같은 공공장소의 보안시스템에서 매우 중요하게 사용된다. 이러한 시스템은 침입자를 탐지하거나 용의자를 찾아내는 데에 사용될 수도 있지만, 계속해서 공공장소를 감시하는 것은 개인의 프라이버시를 침해할 수도 있다.

이러한 시스템은 컴퓨터 프로그램을 사용하여 웹캠으로부터 정보를 얻어낼 수도 있다는 것을 보여준다. 이미지를 처리하고 분석하는 것은 슈퍼마켓의 제품에서 QR코드나 바코드를 읽는 것과 같은 간단한 작업부터, 어떤 사람의 얼굴 이미지만으로 성별이나 나이 등을 알아내는 복잡하고 정교한 작업도 가능하다.

핵심 주제

컴퓨터 비전(computer vision)

참고 웹사이트

https://en.wikipedia.org/wiki/Computer_vision
https://ko.wikipedia.org/wiki/컴퓨터_비전

| 정답 | C) 있다. 그레이스가 셀러브리티이다.

설명

그레이스는 그룹에서 셀러브리티가 된다. 셀러브리티가 되기 위한 2가지 조건을 모두 만족하기 때문이다. 앨런, 돈, 프랑세스, 로빈이 그레이스를 팔로우하고, 그레이스는 어느 누구도 팔로우하지 않기 때문이다.

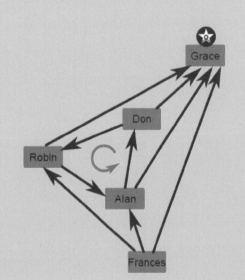

A) 앨런이 다른 두 명(돈과 그레이스)을 팔로우하기 때문에 셀러브리티가 되지 못한다.

B) 프랑세스와 로빈은 각각 다른 사람을 팔로우하기 때문에 셀러브리티가 되지 못한다. 또한, 어떤 그룹 안에서 셀러브리티는 두 명이 될 수 없다. 왜냐하면, 셀러브리티가 되기 위해서는 자기 자신을 제외한 다른 모두로부터 팔로우를 받아야 하는데 셀러브리티가 2명이라면 그 조건을 만족하지 못하기 때문이다.

D) 그레이스가 셀러브리티이기 때문에 답이 될 수 없다.

문제 속의 정보과학

문제에서 주어진 가상의 티니그램과 같은 소셜 네트워크 서비스는 가입자들 사이의 관계를 기반으로 만들어진다.

어떤 사람이 다른 사람을 팔로우하는 것은 일방적인(one-way) 관계이다. A가 B를 팔로우하더라도, B가 A를 반드시 팔로우할 필요는 없기 때문이다. 이러한 관계를 한 쪽 방향으로 가능한, 단방향 관계(directed relationship)라고 부를 수 있다.

가입자들 사이에서 가능한 관계로 친구(friend) 관계를 생각해 볼 수도 있다. 이러한 친구 관계는 서로 대칭적인(symmetrical) 관계로서 방향이 없거나, 양쪽 방향이라고 생각할 수도 있다. A와 B가 친구 관계일 때, 자동적으로 B와 A가 친구 관계가 되는 것이다. 이러한 관계를 양쪽 방향으로 가능한, 양방향 또는 무방향 관계(undirected relationship)라고 부를 수 있다.

두 가지 관계 모두 그래프(graph) 구조를 이용해 표현할 수 있다. 그래프로 표현할 수 있는 문제들을 효율적으로 해결하는데 사용하는 여러 가지 알고리즘이 있다.

실제 소셜 네트워크에서는 매우 큰 그래프 구조가 만들어지고, 소셜 네트워크 서비스를 운영하는 기업들은 그 그래프 속에서 - 어떤 그룹 내에서의 셀러브리티를 찾아내는 것과 같이 - 특별한 특징이나 구조들을 찾아내는데 매우 큰 관심을 가지고 있다. 어떤 소셜 네트워크에 문제에서와 같은 그룹이 없다고 하더라도, 다른 사람들로부터 많은 팔로우를 받고 있지만 다른 사람을 팔로우하지 않는 사람을 찾아내는 것은 매우 재미있을 수 있다. 이러한 사람들은 다른 사람들을 이끌어가거나 영향을 주는 오피니언 리더(opinion leader)나 인플루엔서(influencer)일 가능성이 높기 때문이다.

핵심 주제
소셜 네트워크 분석(social network analysis)

참고 웹사이트
https://en.wikipedia.org/wiki/Social_network_analysis

┃ 그룹 Ⅴ ┃ 08 유리 재활용

┃ 정답 ┃ B) A=색유리, B=색유리, C=색유리, D=흰 유리

설명

왼쪽으로 입력되는 유리와 오른쪽으로 출력되는 유리를 선 위에 그리면서 따라가 보면 다음과 같다. 오른쪽으로 흰 유리가 나오는 경우는 B) 뿐이다.

A) A=흰 유리, B=흰 유리, C=색유리, D=흰 유리

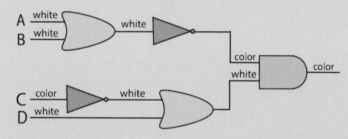

B) A=색유리, B=색유리, C=색유리, D=흰 유리

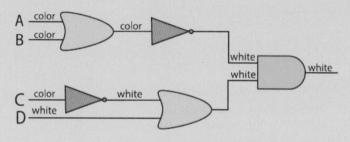

C) A=흰 유리, B=색유리, C=색유리, D=흰 유리

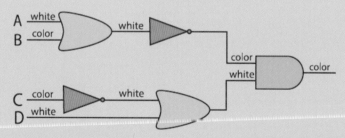

D) A=색유리, B=색유리, C=흰 유리, D=색유리

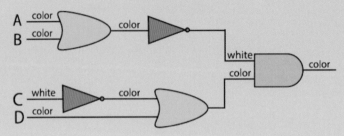

흰 유리가 나올 수 있는 경우는 다음과 같이 3가지 경우뿐이다.

- A=색유리, B=색유리, C=색유리, D=색유리
- A=색유리, B=색유리, C=색유리, D=흰 유리
- A=색유리, B=색유리, C=흰 유리, D=흰 유리

문제 속의 정보과학

모든 컴퓨터 기기들에는 전자회로가 들어있고, 그 전자회로는 논리게이트라는 작은 부품들로 구성되어 있다. 가장 잘 알려진 논리게이트는 NOT, OR, AND, XOR가 있다.

이 문제에서는 AND, OR, NOT 게이트를 다루고 있고, 논리게이트를 표현하는 그림도 거의 비슷하게 표현되어 있다.

논리게이트는 전기 신호를 흘려 사용하는데, 신호가 입력되는 것을 1, 신호가 입력되지 않는 것을 0으로 표현할 수 있다. 불(boolean) 논리에서 1은 TRUE(참), 0은 FALSE(거짓)로 다루는데 이 문제에서는 흰 유리를 TRUE(1), 색유리를 FALSE(0)로 생각할 수 있다.

종류	동작
 	AND 게이트 두 입력이 모두 TRUE(참)인 경우, TRUE(참)를 출력한다.
 	OR 게이트 두 입력 중 하나라도 TRUE(참)인 경우, TRUE(참)를 출력한다.
 	NOT 게이트 입력 값의 반대 값을 출력한다. 입력 값이 TRUE(참)인 경우 FALSE(거짓)를 출력하고, 입력 값이 FALSE(거짓)인 경우 TRUE(참)를 출력한다.

논리게이트들은 다른 곳에서도 사용되는데, 산술(+, −, *, / 등)연산 및 논리(참/거짓 논리)연산을 수행하는 마이크로프로세서의 내부에도 들어있다.

핵심 주제

논리 게이트(logic gate)

참고 웹사이트

https://en.wikipedia.org/wiki/Logic_gate

https://ko.wikipedia.org/wiki/논리_회로#논리_게이트

| 정답 | A) HOUSE

설명

문제에서 주어진 표와 의미를 이용해 각 메시지들을 확인하면 다음과 같다.

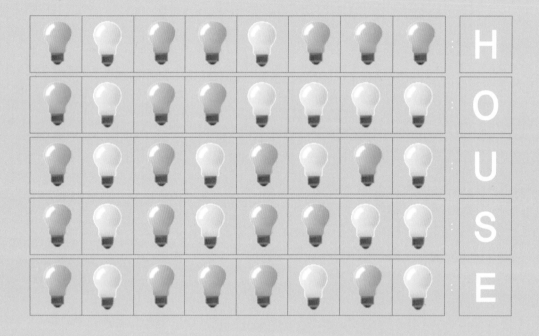

문제 속의 정보과학

2진수는 라이프니츠(Gottfried Leibniz)에 의해 발명된 수 체계로 0과 1만 이용한다. 컴퓨터 프로세서들이 사용하는 명령들과 같은 데이터를 기록하거나, 각종 정보기기들을 통해 매일 보는 디지털 텍스트들을 표현하는데 2진수가 사용되며 모든 2진 코드의 기초가 된다.

일상생활 속에서 2진수 체계를 찾아내는 것은 크게 어렵지 않다. 이 문제에서와 같은 전구와 스위치들이 좋은 예라고 할 수 있다. 2진수 체계를 이용하면 다양한 코드와 메시지들을 만들 수 있고, 다른 사람들과 주고받을 수 있다. 모스 코드(Morse code)가 그 예시라고 할 수 있다.

핵심 주제

2진 코드(binary code)

참고 웹사이트

https://en.wikipedia.org/wiki/Binary_code
https://ko.wikipedia.org/wiki/이진_코드

∣ 그룹 V ∣ 10 사탕 봉지

∣ 정답 ∣ 7개

설명
가장 많은 사탕을 그릇에 담을 수 있는 방법은 다음과 같다:
- 1회 : 연두색+연두색+연두색+연두색+빨간색 = 5개
- 2회 : 빨간색 = 1개
- 3회 : 빨간색 = 1개
  - 총 : 5개+1개+1개 = 7개

노란색+노란색+노란색 순서로 사탕을 세 번 꺼내면, 그릇 안에 사탕을 담을 수 없다.

연속해서 연두색 사탕을 네 번 꺼낸 후 빨간색 사탕을 꺼내면, 한 번으로는 최대로 사탕 그릇에 담을 수 있다. 나머지 두 번은 빨간색 사탕을 꺼내야 한다.

문제 속의 정보과학
어떤 프로그램을 실행하는 과정에서 컴퓨터는 주어진 조건에 따라 다르게 실행시켜야 하는 경우가 있다. 컴퓨터 프로그래머가 미리 작성해 둔 조건을 검사한 결과에 따라 다르게 실행을 시키는 것이다.

주어진 문제에서는 꺼낸 사탕의 색깔에 따라 달라진다.

주어진 문제에서 사용된 조건 검사는 다음과 같다. (사탕의 색깔이 연두색인가?), (사탕의 색깔이 노란색인가?), (사탕의 색깔이 빨간색인가?). 이러한 조건 검사의 결과는 참(true) 아니면 거짓(false)이다. 조건 검사의 결과값(참/거짓)에 따라 어떤 작업을 실행할지 말지가 결정된다.

미리 지정한 조건을 검사하고, 그 결과값에 따라 다르게 실행되는 구조로서 매우 잘 알려져 있는 구조로서 "조건/선택 실행구조(if, if ~ else ~ 등)", "반복 실행구조(for, while 등)"가 있다.

핵심 주제
조건/선택 실행구조(conditional), 실행 제어(control flow)

참고 웹사이트

https://en.wikipedia.org/wiki/Conditional_(computer_programming)

https://ko.wikipedia.org/wiki/조건문

https://en.wikipedia.org/wiki/Control_flow

https://ko.wikipedia.org/wiki/제어_흐름

| 그룹 V | 11 비버 네트워크

| 정답 | BBBGGG 또는 BBGBGG

설명

BBBGGG, BBGBGG 순서로 입구에 들어가는 경우만 BGBGBG 순서가 출구에서 만들어질 수 있다.

출구에서 B가 가장 왼쪽에 있게 하려면, 입구의 가장 왼쪽부터 BB… 가 되어야 한다. 왜냐하면, 만약 입구의 왼쪽부터 두 번째까지 G가 섞여있는 경우에는 출구에서 G… 가 될 것이기 때문이다.

출구에서 G가 가장 오른쪽에 있게 하려면, 입구의 가장 오른쪽부터 …GG가 되어야 한다. 왜냐하면, 만약 입구의 오른쪽부터 두 번째까지 B가 섞여있는 경우에는 출구에서 …B가 될 것이기 때문이다.

입구에서 가운데에는 …BG… 또는 …GB…가 가능하다. 따라서, BBBGGG와 BBGBGG만 가능하다.

문제 속의 정보과학

주어진 문제는 비버들이 규칙에 따라 네트워크를 이동해 가는 것과 관련한 내용으로 컴퓨터 네트워크에서 데이터들이 이동되는 상황과 비슷하다.

컴퓨터 네트워크에서 데이터들은 주고받는 IP 주소(IP address)에 따라 데이터들이 이동되는 경로를 결정하는 것을 IP 라우팅(routing)이라고 한다. IP 라우팅은 IP 주소로 구별되는 네트워크에서 데이터 패킷들을 이동시키는 경로를 결정하는 것이다. 예를 들어, 데이터를 주고받는 두 컴퓨터의 IP 주소가 다른 경우에는 데이터를 다른 네트워크로 이동시켜야 한다.

데이터들을 다른 네트워크로 이동시키기 위해서는 서로 다른 네트워크들을 연결시키고, 데이터들의 이동 경로를 결정해주는 중계 장치가 필요하다. 이러한 장치를 라우터(router)라고 한다. 서로 다른 네트워크들을 통해 데이터들을 전달하는데 필요한 정보들은 라우팅 테이블로 표현할 수 있다.

핵심 주제

라우팅(routing), 라우팅 테이블(routing table)

참고 웹사이트

https://en.wikipedia.org/wiki/Routing
https://ko.wikipedia.org/wiki/라우팅
https://en.wikipedia.org/wiki/Routing_table
https://ko.wikipedia.org/wiki/라우팅_테이블

| 그룹 VI | 01 카운터

| 정답 | 0101

설명

5개의 공이 굴러떨어질 때마다, 다음과 같은 순서로 상태가 변하게 된다. 0001, 0010, 0011, 0100, 0101
문제에서 주어진 기계장치는 막대기와 구슬 등을 이용해 기계적으로 만든 2진 카운터이다.

첫 번째 공이 굴러떨어지면 가장 위에 있는 회전판이 오른쪽으로 회전되고 0001이 된다.

두 번째 공이 굴러떨어지면 가장 위에 있는 회전판이 왼쪽, 위에서 두 번째 회전판이 오른쪽으로 회전되고
0010이 된다.

세 번째 공이 굴러떨어지면 가장 위에 있는 회전판이 오른쪽으로 회전되고, 두 번째 회전판은 그대로 있기 때
문에 0011이 된다.

네 번째 공이 굴러떨어지면 가장 위에 있는 회전판이 왼쪽, 위에서 두 번째 판이 왼쪽, 위에서 세 번째 회전판
이 오른쪽으로 회전되고 0100이 된다.

다섯 번째 공이 굴러떨어지면 가장 위에 있는 회전판이 오른쪽으로 회전되고, 위에서 두 번째 회전판과 세 번
째 회전판은 그대로 있기 때문에 0101이 된다.

다음과 같이 정리해볼 수 있다.

* 0인 자릿수(회전판)에 공이 떨어지면 그 자릿수를 1로 바꾸고 끝낸다.

* 1인 자릿수(회전판)에 공이 떨어지면 그 자릿수를 0으로 바꾸고 다음 자릿수(회전판)로 공이 떨어진다.

결국, 자릿수(회전판)에 공이 떨어진다는 것은 해당 자릿수에 1을 더한다는 의미가 된다.

문제 속의 정보과학

어떤 수를 셀 때 0과 1만 사용한다면, 2진수(binary) 체계를 사용하는 것이다.

컴퓨터 장치들에서는 2진수 체계를 사용하는 데, 컴퓨터를 구성하는 내부 장치들에는 on(1), off(0)만 저장하
고 전달할 수 있는 스위치들로 구성되어 있기 때문이다. 요즘의 컴퓨터 장치들에는 그 안에 정보를 저장하고
전송시킬 수 있는 매우 많은 스위치들이 들어있다고 생각할 수 있다.

문제에서 주어진 기계장치는 4비트(bit: binary digit) 2진 카운터로서, 0부터 15까지 값을 표현할 수 있다.
다음은 4비트 2진수를 이용해서 표시할 수 있는 10진수값과 관련한 표이다.

4비트 2진법 표현	10진수(값)	16진법 표현
0000	0	0
0001	1	1
0010	2	2
0011	3	3
0100	4	4
0101	5	5
0110	6	6
0111	7	7
1000	8	8
1001	9	9
1010	10	A
1011	11	B
1100	12	C
1101	13	D
1110	14	E
1111	15	F

(기계적으로 만든 2진 카운터 동작 관련 동영상 : https://youtu.be/zELAfmp3fXY)

핵심 주제

2진 코드(binary code)

참고 웹사이트

https://en.wikipedia.org/wiki/Binary_code

https://ko.wikipedia.org/wiki/이진_코드

| 그룹 VI | 02 연산자 재정의

| 정답 | D) (3*"." + ")(" + 3*"(" + ")" + 3*".")*2*2

설명

A)에서 (3*"." + ")(" + 3*"(" + ")" + 3*".") 과 "2"를 곱하면 오류가 발생한다. 적어도 한 개의 값은 수여야 하기 때문이다.

B)에 의해서 만들어지는 패턴은 "...)(((°)...)(((°)...)(((°)...)(((°)..." 이다.

C)에서는 "3"*"(" 부분 때문에 오류가 발생한다(*연산자는 두 값이 모두 문자열인 경우 오류가 발생한다.).

문제 속의 정보과학

어떤 작업을 수행하기 위해 함수를 정의해 사용하는 것보다 연산자를 이용해서 표현하는 것이 더 간단한 경우가 있다. 그러한 경우 필요한 작업을 하는 연산자를 재정의(operator overloading)해서 사용하는 것이 편리하다.

연산자 재정의(overloading)의 의미는 기본적인 연산자의 기능 이외에 추가적인 기능을 더 부가(overload)하는 것이라고 생각할 수 있다. 때때로 원하는 계산이나 처리 과정을 위해 연산자를 정의한다는 의미에서 재정의라고 부른다.

핵심 주제

연산자 재정의(operator overloading)

참고 웹사이트

https://en.wikipedia.org/wiki/Operator_overloading
https://ko.wikipedia.org/wiki/연산자_오버로딩

| 정답 | 8개

설명

다음과 같은 순서로 따라가면 답을 구할 수 있다.

① 삼각형의 가장 아래에 있는 공들을 모두 체크한다.

　가장 아래에 있는 공들은 '불안한 상태'에 있는 공들이 아니므로 체크한다.

② 그 윗줄에 있는 공들을 체크한다.

　왼쪽 아래와 오른쪽 아래에 있는 공 두 개가 모두 체크되어 있는 공만 체크한다.

③ 같은 방식으로 한 줄씩 위로 올라가며 체크하면서 가장 윗줄까지 올라간다.

④ 체크가 모두 끝나면 체크가 안 된 공들이 '불안한 상태'가 아닌 공들이다.

　아래에서 첫 번째 줄 체크　　　아래에서 두 번째 줄 체크　　　아래에서 세 번째 줄 체크

문제 속의 정보과학

어떤 공이 '불안한 상태'에 있는지 판단하기 위한 2개의 조건이 있다. 첫 번째 조건은 그 공에 대해서 직접 확인해보는 조건이고, 두 번째 조건은 그 아래에 있는 공이 '불안한 상태'인지 확인해보는 조건이다.

이렇게 '불안한 상태'를 정의하는 것은 순환적인 논리이기 때문에 가장 아래에 있는 공들부터 조건을 검사해 올라가는 방법을 사용했다. 왜냐하면, 가장 아래에 있는 공들은 그 아래에 다른 공들이 없기 때문에 직접적으로 그 공에 대한 조건만 확인하면 되기 때문이다. 그렇기 때문에 가장 아래에 있는 공들은 모두 '불안한 상태'에 있는 공이 아니다. 가장 아래에 있는 공들에 대해서 체크가 끝나면, 그 위로, 다시 그 위로, 순서대로 올라가면서 공들을 체크할 수 있게 된다.

때때로 컴퓨터에서 사용되는 명령어 세트들은 사람들에게 지시하는 명령어들과 비슷하기도 하다. 하지만 프로그래머들은 사람들은 이해하기 힘들지만, 컴퓨터에서는 잘 실행되는 보다 짧은 명령 방법들을 사용할 수 있다. 주어진 문제에서는 재귀(recursion)라는 방법을 사용해 '불안한 상태'를 정의한 것이다. 일반적으로 재귀는 어떤 것을 정의하는 과정에서 다시 자기 자신을 사용한다. 문제에서 '불안한 상태'를 정의하는 과정에서 그 이전 단계의 '불안한 상태'를 사용한 것과 같다.

재귀적 정의의 다른 예를 생각해볼 수 있다. 예를 들어, "여러분의 조상들이 어떤 사람들인지 설명해보세요"라는 질문이 있었을 때, "엄마, 아빠, 할머니, 할아버지, 고조할머니, 고조할아버지, 증조할머니, 증조할아버지 등등"이라고 말할 수도 있다. 하지만, 컴퓨터는 명확하지 않고 모호한 개념들을 사용할 수 없기 때문에 그 대신 다음과 같은 재귀적인(recursive) 방법을 사용할 수 있다. "나의 조상 : 나의 부모와 나의 부모님의 조상"과 같은 표현이 가능하다. 이러한 정의 방법은 사람에게는 매우 어색하지만, 컴퓨터에는 매우 명확한 방법이다.

핵심 주제

재귀(recursion)

참고 웹사이트

https://ko.wikipedia.org/wiki/재귀_(컴퓨터_과학)

| 그룹 VI | 04 바이버 경로

| 정답 | C) 25

설명

S에서 시작해서 모든 위치를 딱 1번씩만 방문할 수 있는 방법은 아래와 같은 4가지 방법뿐이다.

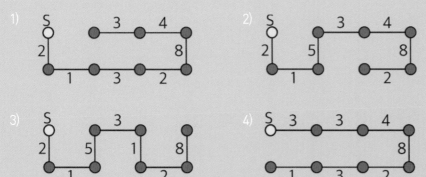

각 방법에 따라 이동하면서 사용하는 도로의 사용 비용을 더하면 다음과 같다.

1) 2+1+3+2+8+4+3 = 23
2) 2+1+5+3+4+8+2 = 25
3) 2+1+5+3+1+2+8 = 22
4) 3+3+4+8+2+3+1 = 24

최대 비용은 25이다.

7개의 지점을 방문하기 위해서 반드시 7개의 도로를 사용하고, 3개의 도로는 사용하지 않는다는 것을 알 수 있다. 또한 같은 지점에서는 한 도로만 사용해서 나올 수 있다는 것을 알 수 있다.

문제 속의 정보과학

컴퓨터과학 분야에서 문제에서 제시된 것과 같은 다이어그램을 그래프(graph)라고 부른다. 각 지점들은 정점 (vertex, node), 도로들은 간선(edge, link)이라고 생각할 수 있다.

그래프에서 최대/최소 비용 경로를 찾는데 사용하는 여러 가지 알고리즘이 있다. 주어진 문제에서 제한사항 은 모든 정점들을 딱 1번씩만 방문하는 것이다. 이러한 경로는 해밀턴 경로(Hamiltonian path)라고 한다.
https://en.wikipedia.org/wiki/Hamiltonian_path

주어진 문제에서는 가능한 해밀턴 경로들을 찾고, 그 중에서 가장 최댓값을 가지는 경로를 찾아야 한다.

핵심 주제

해밀턴 경로(Hamiltonian path)

참고 웹사이트

https://en.wikipedia.org/wiki/Hamiltonian_path
https://ko.wikipedia.org/wiki/해밀턴_경로

05 기차 조립

| 정답 | A) 3번

설명

차량들을 정렬할 수 있는 여러 가지 방법이 있지만, 가장 효율적인 방법 중 하나는 처음에 3, 1, 5, 7번과 2, 8, 6, 4번 차량을 서로 다른 철도로 나누어 잘라 넣었다가 합치는 것이다.

3, 1, 5, 7번 차량을 위쪽 철도로 보내고, 2, 8, 6, 4번 차량을 아래쪽 철도로 잘라 넣은 후, 2-8-6-4 차량을 먼저 꺼내어 기관차에 붙이고, 3-1-5-7 차량을 그 뒤에 붙이면 아래와 같이 된다. 이는 (1, 2), (3, 4), (5, 6), (7, 8) 집합들에서 그 중에 작은 원소들을 따로 한 그룹으로 묶은 것과 같다. 즉, 작은 번호 그룹인 (1, 3, 5, 7) 과 큰 번호 그룹인 (2, 4, 6, 8)로 나누었다가 다시 모은 것이라고 볼 수 있다.

이렇게 하면, 1-2, 3-4, 5-6, 7-8을 나누어 생각했을 때 왼쪽에 작은 수가 오게 된다.

이제 다시, 1, 5, 2, 6 차량은 위로, 3, 7, 8, 4 차량을 아래로 잘라 넣었다가 3-7-8-4 차량을 먼저 꺼내어 붙이고, 그 다음에 1-5-2-6 차량을 붙이면 아래와 같이 된다. 이는 (1, 2, 3, 4), (5, 6, 7, 8) 집합들에서 그 중에 작은 원소들을 2개씩 모아 따로 한 그룹으로 묶은 것과 같다. 즉, 작은 번호 그룹인 (1, 2, 5, 6)과 큰 번호 그룹인 (3, 4, 7, 8)로 나눈 것과 같다.

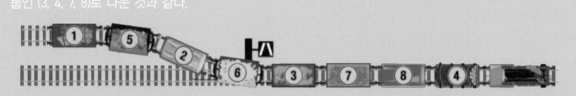

이렇게 하면, (1, 2)-(3, 4), (5, 6)-(7, 8)을 나누어 생각했을 때 왼쪽에 작은 수 그룹이 오게 된다.

이제 다시, 1, 2, 3, 4 차량은 위로, 5, 6, 7, 8 차량은 아래로 잘라 넣었다가 5-6-7-8 차량을 먼저 꺼내어 붙이고, 그 다음에 1-2-3-4 차량을 붙이면 아래와 같이 된다. 이는 (1, 2, 3, 4, 5, 6, 7, 8) 집합에서 작은 것을 한 그룹으로 묶은 것과 같다. 즉, 작은 번호 그룹인 (1,2,3,4)와 큰 번호 그룹인 (5, 6, 7, 8)로 나누었다가 다시 모은 것이라고 볼 수 있다.

세 번 만에 차량들을 정렬할 수 있는 다른 방법들도 있지만, 그보다 더 적은 횟수로 정렬할 수 있는 방법은 없다.

철도 차량들을 2개의 그룹으로 나누어 넣으면, 그 그룹 사이의 순서를 원하는 순서로 바꿀 수 있다는 것이 문제의 핵심이라고 할 수 있다. 문제에서 주어진 차량의 개수는 8개이므로 최소 3번 만에 어떤 순서로든 만들 수 있다는 것이 보장된다.

문제 속의 정보과학

전 세계의 모든 철도 시스템에서 기차의 차량들을 이동시키고 다시 조립하는데 많은 노동력이 필요하면서도 단순한 작업이기 때문에, 이 문제가 매일 다루어진다고 생각할 수 있다. 사람이 일일이 차량들을 결합하고 분리하는 작업을 해야만 하기 때문이다. 이러한 작업은 시간이 많이 들 뿐만 아니라 특히, 몇몇 기관차를 이용해 각 차량들을 이리저리 이동시켜 결합시키는 과정에서 남겨두어야만 하는 차량들이 생기기 때문에 중요한 주요 철로들을 사용할 수 없게 만든다. 그렇기 때문에 철도 시스템이 많이 발전된 곳일수록 더 많은 보조 철도가 있는 차량기지들이 있게 된다.

주어진 문제에서는 2개의 보조 철노만 사용할 수 있기 때문에 차량의 개수가 많아지게 되면 매우 어려운 문제가 된다.

컴퓨터과학은 주어진 문제에서 기차 차량들을 효과적으로 정렬하는 것과 같은 문제를 해결하는 데 도움을 준다. 주어진 문제를 더 작은 크기의 문제로 만들어 작은 문제들을 먼저 해결하고 그 결과를 이용해 큰 문제를 해결해 나가는 것은 매우 간단한 문제해결 방법이다. 컴퓨터과학에서는 이러한 문제해결 방법을 "분할정복(divide & conquer)"이라고 부른다. 8개의 차량을 순서대로 정렬해야 하는 상황을 해결하기 위해서, 가장 간단하게 2개의 차량을 정렬하는 생각을 하고 해결하는 방법을 찾은 후, 다시 4개의 차량. 다시 처음 주어졌던 8개의 차량을 정렬하는 문제로 확장해가며 생각하고 해결할 수 있게 된다.

각각의 차량들을 잘라 보조 철도로 넣는 것은 컴퓨터과학 분야에서 매우 많이 사용되는 추상 데이터형(abstract data type)인 스택(stack)과 비슷하다. 스택에서 가능한 동작은 스택에 데이터를 집어넣는 "푸시(push)"와 스택에 들어있는 데이터를 뽑아내는 "팝(pop)"이 있다.

핵심 주제

분할 정복(divide & conquer), 스택(stack), 정렬(sorting)

122

참고 웹사이트

https://en.wikipedia.org/wiki/Divide-and-conquer_algorithm

https://ko.wikipedia.org/wiki/분할_정복_알고리즘

https://en.wikipedia.org/wiki/Stack_(abstract_data_type)

https://ko.wikipedia.org/wiki/스택

https://en.wikipedia.org/wiki/Sorting_algorithm

https://ko.wikipedia.org/wiki/정렬_알고리즘

| 그룹 VI | 06 구출 미션

| 정답 | 21시간

설명

눈이 치워진 도로에서 이동하는 것이 더 빠르기 때문에 눈을 치운 도로를 최대한 많이 이용하는 것이 최적이 될 수 있다.

따라서, 이글루 입구에 가장 가깝게 눈을 치워야 한다는 것이 명확하다. 다음과 같은 이동경로가 가능하다.

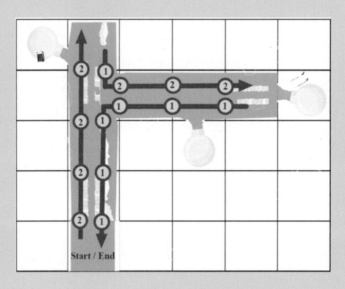

눈을 치우면서 이동할 때에 더 많은 시간이 소요되기 때문에, 가능하다면 눈을 치운 도로를 다시 이용하는 것이 더 좋은 방법이 될 수 있다. 위 그림에서는 눈을 치운 도로들을 모두 다시 사용했다.

문제 속의 정보과학

이 최적화 문제는 순회 외판원 문제(traveling salesman problem)의 특별한 케이스라고 할 수 있다. 모든 정점들을 방문하는 최단 경로를 찾는 문제로, 모든 꼭짓점을 한 번씩 방문하고 돌아오는 해밀턴 경로 찾기 문제라고도 할 수 있다.

주어진 문제는 처음에 다른 위치로 이동할 때가 더 많은 비용이 드는 특별한 형태의 문제라고 할 수 있다. 이러한 문제에 대한 답을 얻어낼 수 있는 효과적인 방법은 아직 알려져 있지 않다. 더 넓은 공간이 주어진 상태에서 최소 경로를 찾는 것은 매우 빠른 컴퓨터를 사용하더라도 매우 오랜 시간이 걸리는 문제이다.

핵심 주제

최단 경로 문제(shortest path problem), 외판원 순회 문제(travelling salesman problem)

참고 웹사이트

https://en.wikipedia.org/wiki/Shortest_path_problem
https://ko.wikipedia.org/wiki/최단_경로_문제
https://en.wikipedia.org/wiki/Travelling_salesman_problem
https://ko.wikipedia.org/wiki/외판원_문제

| 그룹 Ⅵ | 07 전철 전기공급

| 정답 |

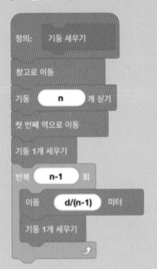

설명

로봇이 정확하게 n개의 기둥을 세워야 하므로 n개의 기둥을 로봇에 실어야 한다.

1개의 기둥을 세우고 나면 $n-1$개의 기둥이 남는다.

같은 방법으로 $n-1$번 반복하면서 이동하고 기둥을 세우면 된다.

거리 d를 $(n-1)$로 나누면 다음 기둥을 세우기 위해 로봇이 이동해야 하는 거리를 알 수 있다.

$(n-1)$번, 한 번 이동할 때마다 이동 거리를 $d/(n-1)$씩 이동하게 되므로, 총 이동 거리는 $(n-1)\times[d/(n-1)]=d$로 딱 맞게 떨어진다는 것을 확인할 수 있다.

문제 속의 정보과학

이 문제에서 주어진 프로그램 코드는 프로시저(함수)이다.

프로시저 안에서 변수 d와 n을 사용하고 있다.

변수(variable)는 수(number)와 같은 값(value)을 저장하기 위해 사용되는 이름이라고 할 수 있다. 변수 d와

n은 메인 프로그램에서 이미 미리 정의되어 있기 때문에 이 프로시저에서 사용할 수 있다고 생각할 수 있다. 변수 d, n과 같이, 같은 프로그램 안에 포함되어 있는 다른 프로시저들이 모두 접근해서 사용할 수 있는 변수를 전역(global) 변수라고 한다.

또한, 이 문제에서는 반복(loop) 실행 구조를 다루고 있다. 반복은 원하는 횟수만큼 반복시키는 명령들이라고 볼 수 있다. 이 문제에서는 반복 구간을 몇 번 실행시켜야 하는지 알아내야 하는 것이 매우 중요하다. 전철 전기 공급선 설치 작업을 완료하기 위해서는 $n-1$번 반복해야 한다.

프로시저(프로그램 명령들)는 어떤 작업을 실행시킬 때 사용할 수 있는 강력한 프로그래밍 도구라고 할 수 있다. 변수들을 통해 프로시저로 값들이 전달된다. 변수들에 저장되어 전달되는 값들을 다르게 함으로써 같은 프로시저로 다른 작업을 수행시킬 수 있다.

프로그래밍 언어에 따라 다르게 부르는 경우들이 있지만, 부프로그램(sub-program), 서브루틴(subroutine), 프로시저(procedure), 함수(function) 등은 기본적으로 같은 기능을 부르는 말로서, 어떤 작업들을 묶어 모듈화한 것이라고 볼 수 있다.

핵심 주제
서브루틴(subroutine), 반복(loop)

참고 웹사이트
https://en.wikipedia.org/wiki/Subroutine
https://ko.wikipedia.org/wiki/함수_(프로그래밍)
https://en.wikipedia.org/wiki/Control_flow#Loops
https://ko.wikipedia.org/wiki/제어_흐름#종류

| 그룹 VI | 08 노래 만들기

| 정답 | 각 노래 구절을 한 번씩 모두 사용해서, 세르지오가 생각한 방법에 따라 만든 노래는 정답이 될 수 있다.

그 중 정답이 될 수 있는 노래 1가지는 다음과 같다.

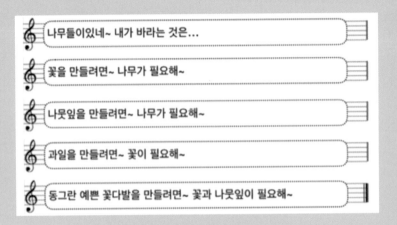

다음과 같은 5가지도 가능하다.

1. ("나무", "꽃", "나뭇잎", "동그란 꽃다발", "과일")

2. ("나무", "꽃", "나뭇잎", "과일", "동그란 꽃다발")

3. ("나무", "꽃", "과일", "나뭇잎", "동그란 꽃다발")

4. ("나무", "나뭇잎", "꽃", "동그란 꽃다발", "과일")

5. ("나무", "나뭇잎", "꽃", "과일", "동그란 꽃다발")

설명

정답으로 가능한 노래를 만들기 위해서 세르지오가 만든 노래 가사 구절들 사이의 관계를 그래프(graph)를 이용해 표현하는 방법이 편리하다.

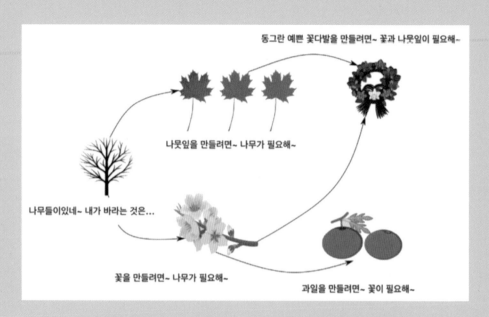

그래프를 살펴보면, 들어오는 화살표가 없는 나무에서부터 시작해야 한다. 그 다음에는 꽃이나 나뭇잎으로 나갈 수 있다.

나뭇잎으로 나가는 방법을 선택했다면, 나뭇잎 다음에는 꽃으로 나가야 한다. 왜냐하면 동그란 꽃다발과 과일 모두, 그 전에 꽃이 나와야 하기 때문이다. 그 다음에 동그란 꽃다발 → 과일로 선택하거나, 과일 → 동그란 꽃다발 순서로 선택할 수 있다.

같은 방법으로 생각해 나아가면서 정답으로 가능한 모든 방법들을 찾아낼 수 있다.

문제 속의 정보과학

이 문제에서와 같이 어떤 노래 구절을 선택하기 그 이전에 먼저 반드시 선택해야만 하는 규칙에 따라 순서를 만들어가는 것을 위상적(topological) 방법이라고 한다. (예를 들어, 나무가 꽃 이전에 나와야 하는 것과 같은) "순환 사이클(cycle)"이 만들어지는 규칙이 없다면 위상적 순서가 항상 존재한다.

이와 같이 어떤 작업 이전에 먼저 처리되어야 하는 것을 고려해서 순서를 정하는 것은 많은 분야에서 매우 일반적이다. 예를 들어 어떤 작업의 순서를 결정하는 것은, 그 작업들의 독립 실행 가능성에 따라 달라진다. 이러한 작업은 정보과학에서 매우 자주 발생하고 다루어진다.

위상적으로 순서를 정렬하는 것은 스프레드시트 프로그램에서 사용되는 계산식과 값들을 다시 계산해내는 데 사용되기도 하며, 그 외의 많은 응용프로그램들에서도 사용된다.

핵심 주제

방향 그래프(directed graph), 위상 정렬(topological sorting)

참고 웹사이트

https://en.wikipedia.org/wiki/Directed_graph
https://ko.wikipedia.org/wiki/유향_그래프
https://en.wikipedia.org/wiki/Topological_sorting
https://ko.wikipedia.org/wiki/위상정렬

| 정답 | B) 3줄

설명

만약 줄이 1개뿐이라면, 가능한 매듭은 0, 1, 2, 3으로 모두 4개의 서로 다른 알림이 가능하다. 2개의 줄을 순서대로 사용한다면, 각각 4가지(0, 1, 2, 3) 경우로 매듭을 묶을 수 있기 때문에 최대로 4×4=16 가지의 서로 다른 알림이 가능하다. 한 줄을 더 추가해서 3개의 줄을 순서대로 사용하면 4×4×4=64 가지의 서로 다른 알림이 가능하다. 따라서, 3줄만으로 50가지 서로 다른 알림을 표현할 수 있다.

문제 속의 정보과학

주어진 문제는 같은 표현(기호)을 순서대로 나열하는 방식인 위치기수법(positional notation)과 관계가 있다. 키푸에서는 줄의 순서와 각 줄에 있는 매듭의 개수가 중요하다. 한 줄에 최대 4가지 경우로 매듭을 묶을 수 있기 때문에, 키푸는 4진법 체계(quaternary system)라고도 생각할 수 있다.

사람은 보통 10진법 체계(decimal system)을 사용해 수를 센다. 10진수(0~9)는 키푸에서 각 줄 매듭의 개수와 비슷하다고 생각할 수 있다. 예를 들어, 427=4*100+2*10+7 인데, 10진수 숫자 3개를 사용하면 최대로 1000가지(0~999)의 서로 다른 수를 표현할 수 있다.

컴퓨터는 2진법 체계(binary system)를 사용한다. 따라서, 각 자리의 숫자는 2가지(0, 1) 경우만 가능하다. 컴퓨터를 통해 저장되고 처리되는 모든 데이터들은 2진법 체계를 사용한다.

핵심 주제

기수법(numeral system), 4진법(quaternary numeral system)

참고 웹사이트

https://en.wikipedia.org/wiki/Numeral_system
https://ko.wikipedia.org/wiki/기수법
https://en.wikipedia.org/wiki/Quaternary_numeral_system
https://ko.wikipedia.org/wiki/사진법

| 그룹 Ⅵ | 10 신발 구입

| 정답 | 2번

설명

운이 좋은 경우 1번 만에 자기 발에 맞는 신발을 찾을 수도 있겠지만, 어떠한 경우라도 신발을 2번만 신어 보면, 자기 발에 딱 맞는 신발을 반드시 찾아낼 수 있다.

일단, 아래 그림처럼 가운데 신발을 먼저 신어 본다.

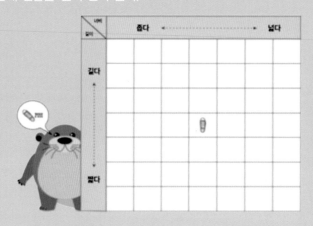

일단, 어떤 신발을 신어 보면 그 신발의 크기가 자기 발에 딱 맞는지, 길이가 긴지 짧은지를 알게 되고, 신발 폭에 대해서도 너비가 딱 맞는지 넓은지 좁은지 알 수 있다. 그 결과에 따라 다음과 같이 9개 영역 중 한 곳에 딱 맞는 신발이 반드시 있게 된다.

신발을 신었는데 5번 위치에 있는 가운데 신발이 딱 맞는 신발일 수도 있다.

신발을 신었는데 길이가 짧고 너비가 넓었다면 1번 영역에 딱 맞는 신발이 있다.

신발을 신었는데 길이가 짧지만, 너비가 딱 맞았다면 2번 영역에 딱 맞는 신발이 있다.

...

신발을 신었는데 길이가 길고 너비가 좁았다면 9번 영역에 딱 맞는 신발이 있다.

따라서 처음에 가운데에 있는 신발을 신어봤는데 길이가 짧고 너비가 넓었다면. 그 다음에는 길이가 더 길고 너비가 좁은 신발들이 있는 1번 영역에 있는 신발들을 생각해 볼 수 있다.

그 다음에 1번 위치에 있는 신발을 신어 본다.

만약 1번 신발이 딱 맞으면? 두 번 만에 찾은 것이 된다.

만약 1번 신발이 길이가 짧고 너비가 넓다면? A 위치에 있는 신발이 딱 맞는 신발이다.

만약 1번 신발이 길이가 짧고 너비는 딱 맞았다면? B 위치에 있는 신발이 딱 맞는 신발이다.

같은 방법을 사용하면 신발을 최대로 2번만 신어 보면 자기 발에 딱 맞는 신발을 찾아낼 수 있다.

제일 처음에 5번 위치에 있는 신발을 신어 보지 않으면. 2번 만에 딱 맞는 신발을 찾지 못할 수도 있다.

문제 속의 정보과학

주어진 문제에서 신발들은 길이(세로 방향)와 너비(가로 방향)에 따라 이미 정렬(sorting)이 되어 있다.

데이터들이 이미 정렬이 되어 있는 상태에서는 이진탐색(binary search) 알고리즘을 사용해 원하는 데이터를 매우 빠르게 탐색할 수 있다. 이진탐색 알고리즘을 이용하면 원하는 데이터를 찾기 위해 고려해 보아야 할 데이터의 집합을 절반씩 줄여감으로써 매우 빠르게 데이터를 탐색할 수 있다. 예를 들어, 상대방이 생각하고 있는 0~2,147,483,647(약 21억) 수 중에서 하나를 맞추어야 한다고 할 때, 어떤 수를 고르고, 상대방이 생각한 수와 같은지 작은지 큰지를 알려준다면. 적어도 31번 안에 그 수를 정확히 맞출 수 있다.

주어진 문제의 상황은 2차원으로 정렬된 데이터들 사이에서 이진탐색으로 원하는 데이터를 찾아내는 것이라고 할 수 있다.

핵심 주제

이진탐색(binary search)

참고 웹사이드

https://en.wikipedia.org/wiki/Binary_search_algorithm

https://ko.wikipedia.org/wiki/이진_검색_알고리즘

11 빨간 모자

| 정답 | D) 41송이

설명

어떤 위치에 도착했을 때, 처음 위치에서부터 그 위치까지 도착했을 때까지 모을 수 있는 꽃송이의 최대 (maximum) 개수를 알아낼 수 있다. 그 방법은 다음과 같다.

어떤 위치까지 도착했을 때까지 모을 수 있는 꽃송이의 최대 개수는? 그 이전 위치까지 도착했을 때의 최대 개수와 현재 위치에 있는 꽃송이 개수의 합으로 계산할 수 있다.

어떤 위치에 도착하기 위해서는 반드시 그 이전의 두 위치 중 한 곳으로부터 이동해 와야 한다. 따라서, 그 이전의 두 위치에 도착할 때까지의 최대 개수 2개 중에서 큰 값과 현재 위치에 있는 꽃송이 개수의 합으로 최대 개수를 계산할 수 있다.

최대 꽃 개수 = 이전 위치까지 최대 꽃 개수 + 현재 위치에 있는 꽃 개수

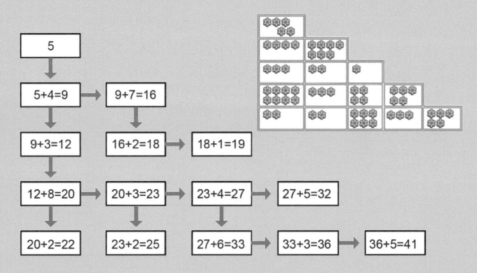

문제 속의 정보과학

이 문제는 어떤 최적(최대/최소)값을 알아내기 위해, "다이나믹 프로그래밍(동적 계획법)"이라는 표 채워나가기 기법을 적용하는 예시라고 볼 수 있다. 다이나믹 프로그래밍의 원리는 어떤 최적값을 알아내기 위해, 보다 작은 이전 단계까지의 최적값을 단계적으로 구하고, 그렇게 구해진 최적값을 참조해서 원하는 상태나 상황에서의 최적(최대/최소) 값을 알아내는 것이다.

이 문제의 경우에서는, 첫 번째 위치에서 시작해서 마지막 위치까지 이동하는 과정 중간 중간에 최댓값(최적값)을 계산해 갈 수 있다. 어떤 단계(위치)까지 계산된 최댓값들은 다음 위치로 이동했을 때의 최댓값을 계산하기 위해 사용된다는 간단하고 멋진 아이디어이다. 이 아이디어를 적용하면 마치 시작 위치에서부터 마지막 위치까지, 각 위치로 이동할 때까지의 최댓값이 물결처럼 퍼져나가는 것과 같다. 마지막 위치에 도착하면, 문제에서 물어보고 있는 답을 알아낼 수 있다.

실제로 최댓값/최솟값을 찾는 많은 최적화 문제들은 이러한 문제해결 전략으로 해결될 수 있는데, 계산량이 적어서 매우 효율적인 알고리즘이기 때문이다.

핵심 주제

다이나믹 프로그래밍(dynamic programming), 최적화 문제(optimization problem)

참고 웹사이트

https://en.wikipedia.org/wiki/Dynamic_programming

https://ko.wikipedia.org/wiki/동적_계획법

https://en.wikipedia.org/wiki/Optimization_problem

https://ko.wikipedia.org/wiki/최적화_문제

| 그룹 Ⅵ | 12 동영상 압축

| 정답 | 780픽셀

설명

동영상의 첫 프레임을 저장하기 위해서 20*20=400 픽셀 만큼의 데이터가 필요하다.

각 프레임에서 다음 프레임과 차이가 있는 프레임만 생각해보면 38픽셀 만큼씩 다르게 된다.

첫 프레임 다음에 10개의 프레임이 더 있으므로 동영상 저장을 위해서는 400+(38*10)=780 만큼의 픽셀이 있으면 가능하다.

문제 속의 정보과학

데이터 압축(data compression)은 컴퓨터과학 분야에서 중요한 주제 중 하나로서, 특별히 동영상이나 소리 데이터들이 다루어질 때 중요하다. JPEG(Joint Photographic Experts Group)와 같은 이미지 저장 파일 포맷 방식에서는 압축 과정에서 일부 데이터가 바뀌기 때문에 픽셀의 색이 바뀌거나 경계가 왜곡되기도 한다. 주어진 문제에서는 압축과정에서 이미지 데이터가 바뀌지 않는 비손실 압축의 한 가지 방법을 다루고 있다. 동영상을 구성하는 각 이미지 프레임들을 순서대로 세워보면, 각 이미지 프레임이 3차원 배열의 일부처럼 생각할 수 있다. 따라서, 인접한 조각/프레임에서 차이가 발생하면 화면이 바뀌는 것처럼 나타나는 것이다.

https://en.wikipedia.org/wiki/Data_compression#Video

문제에서 제시된 동영상 압축 알고리즘을 실제로 구현하려면 변화된 색뿐만 아니라 그 픽셀의 좌표까지도 함께 기록해야 한다.

핵심 주제

데이터 압축(data compression)

참고 웹사이트

https://en.wikipedia.org/wiki/Data_compression#Video
https://ko.wikipedia.org/wiki/데이터_압축

| 그룹 Ⅵ | 13 돌고 돌고 돌고

| 정답 | **D) 짧은 막대기, 긴 막대기, 긴 막대기, 짧은 막대기**

설명

짧은 막대기, 긴 막대기, 긴 막대기, 짧은 막대기 순서로 배치하면, 컨베이어 벨트의 마지막에서 같은 방향으로 만들어지는지 확인해보기 위해서, 처음 시작 위치에서 가능한 3가지 경우에 대해 모두 확인해 볼 수 있다.

(왼쪽 → 오른쪽으로 화면이 바뀌는 애니메이션)

위와 같이, 삼각형이 처음에 어떤 방향으로 놓여있던지, 마지막에는 모두 같은 방향으로 맞춰지게 된다.

문제 속의 정보과학

이 문제는 아래와 같이 표현할 수 있는, 유한 상태 기계(유한 오토마타)에 대한 문제이다.

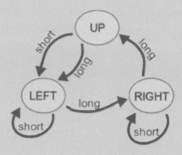

삼각형은 3가지 상태를 가질 수 있다. 회전축에서 가장 멀리 떨어져 있는 꼭짓점이 바라보는 방향에 따라, 그 상태를 UP, LEFT, RIGHT라고 부를 수 있다.

그리고, 삼각형의 상태를 바꿀 수 있는 변형 연산자가 2가지가 있다. 짧은 막대기, 긴 막대기.

UP, LEFT, RIGHT 상태에서 2가지 막대기에 의해 상태가 변화된다.

이 문제에서는 어떤 상태에서 시작하더라도, 항상 똑같은 상태가 되도록 만들 수 있는 막대기 순서를 찾아내야 한다. 다시 말하면 모두 똑같은 상태로 초기화시키는 리셋 순서를 찾아내야 하는 문제이다.

이 문제의 삼각형들과 비슷하게 텍스트 문자와 관련된 내용은 아래 링크를 통해 살펴볼 수 있다!

결정적 유한 오토마타(DFA, Deterministic Finite Automaton)에서 동기화 단어(synchronizing words)라는 것이다(https://en.wikipedia.org/wiki/Synchronizing_word).

유한 상태 오토마타(기계)라고 불리는 것은, 어떤 상태들과 그 상태들 사이의 변화 관계를 방향그래프를 이용해 표현한 것이라고 할 수 있다. 이러한 유한 상태 오토마타는 프로그래밍 언어에서 상수/변수/예약어와 같은 것을 구분해 내는 분석 과정에서도 사용된다.

또한, 이 문제에서 가능한 순서를 찾아내는 일반적인 방법은 많은 계산량이 필요하다. 즉, 이 문제에서 주어진 답, 그중에서도 가장 짧은 답을 얻어내는 것은 간단하지 않은 문제이다.

가장 간단한 방법은? short/long을 한 번만 선택하는 모든 경우, 두 번에 걸쳐 선택하는 모든 경우, 세 번… 선택하는 모든 경우, 네 번… 모든 경우, 각각의 경우에 대해서 모두 확인해보는 것이다.

이 문제는 2가지 관점으로 생각해 볼 수 있는데, 한 가지는 "그런 리셋 순서가 있는가?"라는 것이며, 다른 한 가지는 "그런 리셋 순서가 있다면, 가장 짧은 순서는 무엇인가?"라는 관점이다.

핵심 주제

유한 상태 오토마타(finite state machine), 동기화 단어(synchronizing words)

참고 웹사이트

https://en.wikipedia.org/wiki/Finite-state_machine
https://ko.wikipedia.org/wiki/유한_상태_기계
https://en.wikipedia.org/wiki/Synchronizing_word
https://en.wikipedia.org/wiki/Deterministic_finite_automaton
https://ko.wikipedia.org/wiki/결정적_유한_오토마타

| 정답 | D)

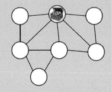

설명

지도에는 7개의 지역이 있기 때문에, B)는 답이 아니다. B)에는 6개의 지역(○)만 있기 때문이다.

보물이 있는 지역과 서로 붙어있는 지역은 5개이다. 따라서 C)도 답이 아니다. C)에는 5개의 다른 지역과 연결되어 있는 지역이 없기 때문이다.

A)와 D) 중에서 원래의 보물 지도, 지역의 개수, 각 지역들 사이의 연결 관계가 같은 것을 찾아야 한다. 따라서 각 지역과 그 지역에 연결되어 있는 다른 지역들의 개수를 정확하게 세어보아야 한다. 원래 보물 지도의 각 지역을 임의로 a, b, c, d, e, f, g라고 하면, 각 지역 주변에 서로 붙어있는 다른 지역의 개수를 세어 표시할 수 있다.

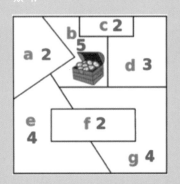

a지역은 주변에 2개(b, e)의 다른 지역이 붙어있다.

b지역은 주변에 5개(a, c, d, e, g)의 다른 지역이 붙어있다.

c지역은 주변에 2개(b, d)의 다른 지역이 붙어있다.

d지역은 주변에 3개(b, c, g)의 다른 지역이 붙어있다.

e지역은 주변에 4개(a, b, f, g)의 다른 지역이 붙어있다.

f지역은 주변에 2개(e, g)의 다른 지역이 붙어있다.

g지역은 주변에 4개(b, d, e, f)의 다른 지역이 붙어있다.

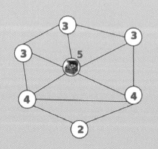

전체적으로 살펴보면, 2개의 지역이 주변에 2개의 다른 지역과 붙어있고, 1개 지역이 3개, 2개 지역이 4개, 1개 지역이 5개 지역과 서로 붙어있다는 것을 알 수 있다.

이제 A)를 확인해보면, 3개 지역이 주변에 3개의 다른 지역과 붙어있고, 1개 지역만 주변에 2개의 지역과 붙어있다. 따라서, A)는 답이 아니다.

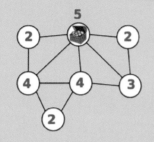

D)를 확인해보면, 원래 보물 지도와 같은 상태라는 것을 알 수 있다. 3개 지역이 주변에 다른 2개 지역과 붙어있고, 1개 지역은 3개, 2개 지역은 4개, 1개 지역은 5개 주변 지역과 붙어있다.

지금까지는 주어진 선택 답안 중에서 원래 보물 지도와 다르게 표현된 것을 제외시키는 방법으로 찾아보았는데, D)에서 원과 그 주변으로 연결된 직선의 개수를 아래와 같이 다시 한번 세어 확인해 볼 수 있다.

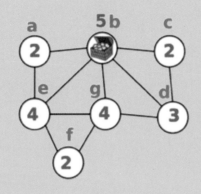

문제 속의 정보과학

이 문제에서는 실제적인 세상의 정보를 그래프(graph)를 이용해서 표현하는 방법에 대해서 보여주고 있다. 그래프는 정점(vertex)/노드(node)를 나타내는 원(○)과 그 사이를 서로 연결하는 직선(—)인 간선(edge)/링크(link)를 사용해 표현한다. 간선은 두 정점 사이의 관계를 나타낸다.

문제에서는 지역들이 정점으로 표현되고, 지역들이 "서로 붙어있는 관계"를 간선으로 연결해 표현했다.

그래프는 실제 세상의 여러 가지 요소(entity, 내용, 정보)와 그 요소들 사이의 관계를 명확하고 간결하게 표현할 수 있는 강력한 도구이다. 수학자와 컴퓨터과학자들은 이러한 그래프 구조들에 적용할 수 있는 효과적인 알고리즘들을 많이 만들었다(이 문제에 적용할 수 있는 알고리즘에 대한 예를 들자면, 정점의 개수를 정확하게 세는 알고리즘).

그래프에서는 정점과 정점들 사이의 연결 관계만 중요하고, 정점을 어떻게 어디에 그리느냐는 중요하지 않다. 다시 말하자면, 정점의 개수와 각 정점에 연결되어있는 간선의 개수, 각 정점들 사이의 연결 관계가 같다면, 모두 같은 그래프라는 것이다. 다음 그래프는 모두 같은 그래프이다.

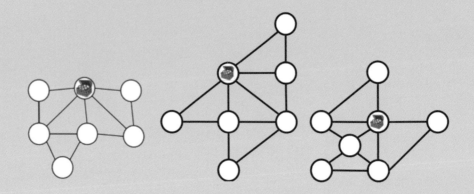

핵심 주제
그래프(graph)

참고 웹사이트
https://en.wikipedia.org/wiki/Graph_(discrete_mathematics)
https://ko.wikipedia.org/wiki/그래프

비버챌린지 공식 교재 안내

[책 소개]

Bebras Korea가 직접 집필한 Bebras Challenge 공식 교재이다. 비버챌린지 문제를 통해 컴퓨팅 사고력을 기르고, 소프트웨어와 정보과학을 재미있고 의미있게 학습할 수 있다.

[이 책이 필요한 사람]

첫째, 컴퓨팅 사고력을 기르고 싶은 사람

둘째, 비버챌린지 참가자

◀ 비버챌린지 I

    Bebras Korea 지음 / 정가 15,000원

비버챌린지 II ▶

: 비버챌린지로 배우는 소프트웨어(초등학생용)

Bebras Korea 지음 / 정가 15,000원

◀ 비버챌린지 II

    : 비버챌린지로 배우는 정보과학(중학생용)

    Bebras Korea 지음 / 정가 15,000원

비버챌린지 II ▶

: 비버챌린지로 배우는 정보과학(고등학생용)

Bebras Korea 지음 / 정가 15,000원

◀ 비버챌린지

2019년도 기출문제집(초등학생용)

Bebras Korea 지음 / 정가 10,000원

비버챌린지 ▶

2019년도 기출문제집(중·고등학생용)

Bebras Korea 지음 / 정가 10,000원

◀ 비버챌린지

2018년도 기출문제집(초등학생용)

Bebras Korea 지음 / 정가 8,000원

비버챌린지 ▶

2018년도 기출문제집(고등학생용)

Bebras Korea 지음 / 정가 10,000원

◀ 비버챌린지

2017년도 기출문제집(초등학교 3~4학년용)

Bebras Korea 지음 / 정가 6,000원

비버챌린지 ▶

2017년도 기출문제집(초등학교 5~6학년용)

Bebras Korea 지음 / 정가 7,000원

◀ 비버챌린지

2017년도 기출문제집(중학생용)

Bebras Korea 지음 / 정가 8,000원

비버챌린지 ▶

2017년도 기출문제집(고등학생용)

Bebras Korea 지음 / 정가 8,000원